ESOTERISCHES
WISSEN

Arthur Edward Waite

Der geheime Tarot-Schlüssel

Die klassische Deutungslehre vom Schöpfer des Rider-Waite-Decks

Übertragung aus dem Englischen
von Mascha Rabben

Wilhelm Heyne Verlag
München

HEYNE ESOTERISCHES WISSEN
Herausgegeben von Michael Görden
08/9677

Originaltitel:
THE PICTORIAL KEY TO THE TAROT
erschienen bei Citadel Press, Carol Publishing Group, New York, USA

Aus dem Englischen übertragen
von MASCHA RABBEN

Umwelthinweis:
Diese Buch wurde auf chlor- und säurefreiem Papier gedruckt

Published by arrangement with Carol Publishing Group
Printed in Germany 1996
Umschlaggestaltung: Atelier Bachmann, Reischach
Umschlagillustration: Elmar Kohn, Landshut
Satz: DTP
Herstellung: Andrea Cobré
Druck und Binden: Ebner Ulm

ISBN 3-453-09341-0

INHALT

WAITES LETZTE WORTE ZUM TAROT

Zwanzig Jahre, nachdem er dieses Buch veröffentlicht hatte, schrieb der Autor sein letztes Buch: DER HEILIGE GRAL. Waite hatte nämlich herausgefunden, daß die vier wichtigsten Symbole in der Gralsgeschichte auch in den vier Reihen des Tarot vorkommen und in der Tat dieselben sind! Hier folgt Waites vergleichende Beschreibung der Ähnlichkeiten zwischen beiden Symbolklassen:

Die authentischen Heiligtümer der Gralslegende sind zweifelsohne der Kelch, die Lanze, die Schüssel und das Schwert. Ich frage mich jetzt, wieviele kritische Kommentare bereits über den Heiligen Gral geschrieben wurden, ohne irgend jemanden auf die Idee zu bringen, daß seine Heiligtümer anderswo zu finden sind als in verstaubten Liebesromanzen. Die oben genannten Dinge befinden sich im Tarot, und der Grund dafür liegt in bestimmten geheimen Aufzeichnungen beschlossen, welche heute in Europa existieren...

An dieser Stelle muß erklärt werden, daß die alten Tarots achtundsiebzig Karten enthielten, von welchen sechsundfünfzig den gewöhnlichen Spielkarten entsprachen, dazu aber vier Ritter hinzufügten. Die verbleibenden zweiundzwanzig Karten sind bildliche Schlüssel, deren Symbolgehalt offen zutage liegt, obwohl erkannt werden muß, daß sie in dieser Hinsicht allesamt konventionell sind und vielfach auch grotesk, als handele es sich um ungehobelte Allegorien.

Nachdem ich diese Erklärung abgegeben habe, komme ich zum nächsten Punkt und stelle fest, daß die vier Symbole der Tarotreihen die folgenden sind:

1. Der Kelch – er entspricht den Herzen bei den gewöhnlichen Spielkarten.
2. Der Stab – er entspricht dem Karo bei den normalen Spielkarten.
3. Das Schwert – entspricht dem Pik.
4. Das Pentakel – entspricht dem Kreuz.

Der Stab wird bei manchen Tarots von einem Zepter dargestellt, aber die korrekte symbolische Alternative ist ein Speer oder eine Lanze, wobei das falsch benannte Karo oder der »Diamant« unserer Spielkarten offensichtlich die Spitze der Waffe repräsentieren soll. Was das Pentakel betrifft, so wird es normalerweise vom Umriß eines vierblättrigen Kleeblatts oder einer Kreisform ausgewiesen und entspricht somit einer Schüssel- oder Tellerform. In jedem Fall ist das Emblem ebenfalls fälschlich mit dem Namen Pentakel belegt worden, weil ein Pentagramm fünf Ecken oder Strahlen haben muß. Mit diesen Modifizierungen, welche in keinem Sinne als hergesucht bezeichnet werden können, sind die Symbole für die vier Reihen des Tarot nichts anderes als die vier Heiligtümer des Grals.

Auszug aus »THE HOLY GRAIL«, Seite 572, ff.

EINLEITUNG

Ein Mensch, der das Tarot noch nie gesehen hat, wird die Karten zunächst wohl für äußerst merkwürdig halten. Und doch fällt sofort auf, daß sechsundfünfzig Karten, nämlich die vier Reihen der Schwerter, Kelche, Stäbe und Pentakel oder Münzen, durchaus Ähnlichkeiten mit den vier Farben unserer gewöhnlichen Spielkarten haben. Die Nullkarte mit dem Titel »Der Narr« ist ein Vetter des Jokers, wie wir ihn von den normalen Spielen kennen. Aber die verbleibenden einundzwanzig Trumpfkarten verleihen dem Tarot eine ganz eigenartige Faszination. Warum dem Tarot eine Herkunft aus dem alten Ägypten oder China nachgesagt wird, erklärt der Autor selber in diesem Buch. Einleitend befassen wir uns lediglich mit dem von Waite wiederhergestellten, symbolhaften Tarot.

Das mystische Tarot, wie es nachfolgend beschrieben wird, wurde von Arthur E. Waite und Pamela Colman Smith gemeinsam entwickelt und schien den beiden damals kaum mehr als eine Bagatelle zu sein, jedenfalls im Vergleich zu ihren ambitionierteren Projekten. Und doch bleibt dieses Tarot eins der wenigen veröffentlichten Werke jedes dieser Autoren, das seit fast fünfzig Jahren nahezu ununterbrochen nachgedruckt wird.

Erst am Ende seines Lebens erkannte Waite, daß dieses kleine Tarot unter all seinen monumentalen Werken und vielfältigen Aktivitäten als Lektor eines renommierten Verlagshauses die größten Früchte getragen hatte, obwohl die Arbeit daran für ihn zur Zeit kaum mehr als ein amüsantes Hobby war. Ähnlich ging es dem Mathematiker Lewis Carroll, als er seine *Alice im Wunderland* schrieb, und dem Kleriker Jonathan Swift bei der Verfassung von *Gullivers Reisen.*

Und es ist keine Ausnahmeerscheinung. Die kleine, sozusagen »aus dem Handgelenk geschüttelte« Nebensächlichkeit erweist sich letzten Endes als Sinnbild für alles, was der Autor jemals im öffentlichen Rahmen vertreten hat. Sie bleibt duftig und frisch, auch wenn der gesamte Rest seiner Werke bereits nach trockenem Lavendel riecht. Das Zusammentreffen eines brillanten Mannes mit einer ebenbürtigen, aber völlig andersdenkenden Frau, wie im Fall von Waite und Pamela Smith, wirkte offenbar wie Zündstein und Stahl: Aus der Reibung ergibt sich ein unverhoffter Funkenregen.

Beide waren beeindruckende Persönlichkeiten und Angehörige einer Mysterienschule der Freimaurer: *The Order of the Golden Dawn.* Waite hatte die derzeitigen Ordensriten in einen mystischen Erkenntnisweg verwandelt, und sein Tarot galt in erster Linie den Ordensmitgliedern, die er auf diese Weise mit der geheimen Tradition bekanntmachen wollte, wie sie in den alten Weisheitslehren zum Ausdruck kommt.

Es gibt kaum ein Gebiet innerhalb dieser geheimen Tradition, das Waite nicht gründlich untersucht hatte: Magie, Theosophie, Okkultismus, Alchemie, die Rosenkreuzer, der Heilige Gral, die Kabbala, die Lehren der Freimaurer – er studierte alles mit tiefem Interesse und hochgradigem Feingefühl, behielt dabei aber immer einen skeptischen Scharfblick, dem keine Ungereimtheiten und Übertreibungen entgingen. Er stellte fest, daß im Grunde immer dasselbe Problem behandelt wurde: Der Mensch leidet unter einem schmerzlichen Verlust, und sein ruheloses Herz wird von Sehnsucht getrieben, als müßte es einen verlorenen Schatz wiederfinden. Irgendwo, tief vergraben, existiert dieser Schatz auch jetzt, das spürt das leidende Herz. Das Problem besteht darin, den Weg zu diesem unbezahlbaren Juwel zu finden.

Waite suchte mit Inbrunst nach diesem Weg und fand ihn kurz nach seinem Beitritt zum »*Order of the Golden Dawn*« . Wir alle wissen theoretisch, was er gefunden hat: die Erkenntnis, daß in Wirklichkeit keine Trennung zwischen dem Menschen und dem Rest des Universums existiert oder zwischen dem Menschen und Gott – der Urnatur, wie Waite es gern nannte, wobei er Spinozas Begriff *Natura naturans* für Gottes Namen einsetzte. Nun ist es eine Sache, dieses Wissen theoretisch zu verstehen, und eine völlig andere, die authentische Realisation zu haben. Nach langer Suche hatte Waite diesen Erkenntnisgrad eindeutig erlangt.

Wenige Jahre darauf zog Waite sich eine gefährliche Krankheit zu, worauf er einen Monat in meist bewußtlosem Zustand verbrachte und einen weiteren Monat nicht arbeiten konnte. Die Erfahrung erschloß ihm noch tiefere Bereiche der mystischen Wahrheit. Das Gefühl der Vereinigung, so sagte er, vertiefte sich zu einer Gewißheit des Einsseins. Er hatte die endgültige Stufe der Freiheit erreicht, die sich unter anderem auch darin ausdrückt, daß ein Mensch aus den einfachsten Dingen im Leben eine kindliche, ekstatische Freude bezieht.

Wie alle wahren Mystiker, strahlte er anmutige Gelassenheit und eine liebevolle Hochachtung für seine Mitmenschen aus. Es soll ein unvergeßliches Ereignis für die Mitglieder seines Ordens gewesen sein, ihm beim Vollziehen eines Rituals im Tempel des Ordens zusehen zu dürfen. Mit seinem löwengleichen Haupt, seinen leuchtenden, dunklen Augen und majestätischen Gesten wurde er jeder Zeremonie vollauf gerecht. Außerdem konnte dieser Mann die Sätze zitieren wie nur einer, der im Besitz der ganzen Wahrheit hinter den Worten ist.

Wie man sich denken kann, stand er oft auch im Mittelpunkt von Vergnügungen aller Art. Waite und sein

Freund Arthur Machen hatten eine Vorliebe für kunstvolle Späße, die sie gemeinsam in Szene setzten, und Waite war berühmt für seine Rezitationen von Bret Hartes Gedicht »*Big Bill of Pike*«, das er dermaßen komisch übertrieben zum besten gab, daß die Zuhörer sich vor Lachen nicht mehr zu helfen wußten. Mit Philip Wellby, einem anderen Freund, saß er oft bei einem genüßlichen Glas Wein im Hotel d'Italie in der Old Compton Street oder im »The Ship« am oberen Ende von Whitehall. Und manchmal wurden wundervolle Riten zeremonieller Magie in Waites Studierzimmer vollzogen, wo Pentagramme auf den Boden gezeichnet und die ganze Nacht lang gefeiert wurde.

Waite begegnete Pamela Smith zum ersten Mal bei einem Treffen der Mitglieder des Ordens. Sie war damals erst Anfang zwanzig, eine in Jamaika aufgewachsene Amerikanerin. Dort hatte sie sich mit ersten Malversuchen amüsiert und indem sie die Volkslegenden der Inselbewohner sammelte. Als Kind war sie mit der Theatertruppe von Ellen Terry und Sir Henry Irving auf Reisen gegangen, hatte kleinere Rollen in deren Bühnenstücken übernommen und beim Entwerfen der Kostüme und Szenenbilder geholfen. Mit fünfzehn Jahren wurde sie dann seßhaft, um ihr Kunststudium ernsthaft voranzutreiben, und auf diese Weise machte sie sich mit einundzwanzig Jahren bereits einen Namen als Illustratorin und Szenenbildnerin. Ein Buch mit ihren Illustrationen wurde von ihr selbst gesammelt und nacherzählt: die Volksmärchen der Jamaikaner mit dem Titel: *Annancy Stories.*

Ungefähr um diese Zeit verließ sie Amerika und reiste nach England, wo ihr Interesse am Theater recht bald zu einer Begegnung mit William Butler Yeats führte. Es dauerte nicht lange, bis sie in seine Pläne für ein Irisches Nationaltheater verwickelt worden war, aus denen später das Abbey Theater hervorging. Yeats' Kosename für Pamela war Pixie. In einem Brief an Lady Gregory schrieb er, daß Pixie Smith erpicht darauf sei, sein Theaterstück

»*Where There is Nothing*« auf die Bühne zu bringen. Pamela und Edith Craig entwarfen die Szenenbilder dafür, worauf Pamela mit einer großen Mappe zu Yeats ging, um ihre Zeichnungen vorzuführen. Als ihm dazu spontan einfiel, daß das Szenenbild des ersten Akts viel phantastischer sein könnte, wenn das Gebüsch die Formen von Enten, Pfauen, Gockeln und Hühnern andeutete, griff Pamela die Idee sofort auf und begann rasche Zeichenstriche auf einen Bogen Papier zu werfen. »Pixie Smith scheint die einzige zu sein, die begreift, was ich will«, schrieb Yeats daraufhin.

Ein Jahr lang arbeitete Pamela mit Jack Yeats daran, eine kleine Zeitschrift mit dem Namen »*The Broad Sheet*« herauszugeben und zu illustrieren. Danach gab Pamela ihre eigene Zeitschrift heraus: »*The Green Sheaf*« (Das Grüne Blatt). Beiträge stammten von Lady Gregory, John Masefield, W. B. Yeats und anderen im Bekanntenkreis von Yeats. Jede Ausgabe wurde auf handgezogenem Papier gedruckt, jede Kopie eigenhändig von Pamela koloriert und mit grünem Band gebunden, das hinten zu einer Schleife geknüpft wurde.

«Mein *Blatt* ist klein«, verkündete jede der Ausgaben, »aber es ist grün.
In meinem *Blatt* versammele ich alle jungen, frischen Dinge, die ich finden kann – *Bilder, Verse, Balladen* über die *Liebe* und den *Krieg*, Geschichten von *Piraten* und dem *Meer.*
Ihr werdet Balladen über die *alte Welt* in meinem *Blatt* finden. Sind sie nicht immergrün...?
Reife Ohren sind *gut* für's *Brot*, aber grüne Ohren sind für's *Vergnügen* gut.
Ich hoffe, daß Sie mein *Blatt* in Ihrem Haus liegen haben und Freude daran finden werden.
Dann bleibt es *frisch* und *grün.*«

In einer Ausgabe des »Grünen Blattes« bot eine von Pamela illustrierte Annonce die Dienste eines gewissen Gelukiezanger als Erzähler westindischer Volkslegenden bei Privatveranstaltungen an. Selbstverständlich handelte es sich bei Gelukiezanger um niemand anderen als Pamela selbst. In dieser Rolle erschien sie in voluminösen, barbarischen Roben von roter und goldener Farbe und mit Korallen und Bernstein in die Haartracht eingeflochten. Ihre schräggestellten chinesischen Augen und ihr rundes, dunkelhäutiges Gesicht unterstrichen den Effekt ihres Auftritts. Ein Diener trug ein kleines, klappbares Podest herein und setzte Kerzen darauf, um Pamelas Gesicht in dem verdunkelten Raum zu erhellen. Dann nahm sie im Schneidersitz auf dem Podest Platz und begann zu erzählen:

«Es war einmal vor langer Zeit, bevor Königin Viktorias Regierung begann...«

Eine Gruppe ihrer Freunde brachte eine Faltmappe heraus, um Pamelas Märchenstunden bekannt zu machen: Yeats, Arthur Symons, J. M. Barrie, Maurice Hewlett und G. K. Chesterton. Darin erklärte Yeats: »Miss Pamela Smith erzählt ihre kleinen Geschichten auf eine so einfache und natürliche Art, daß man sich nicht vorstellen kann, daß sie auf der fernen Seite der Welt oder vor tausend Jahren einmal anders erzählt wurden. Unser Vater »Zeit« und unsere Mutter »Raum« haben ihr mitgeteilt, was sie nur den größten unter den Künstlern verraten: ›Du bist so gut, mein Kind, daß wir uns nicht um dich sorgen müssen. Wir sind so zufrieden mit dir, als wärest du ein Büschel Gras.‹ «

Pamela glaubte an Elfen und meinte, diese Geistwesen tatsächlich mit eigenen Augen gesehen zu haben. Der Orden *of the Golden Dawn* gefiel ihr wahrscheinlich in erster Linie, weil solche Wahrnehmungen dort ernst genommen und prachtvolle Zeremonien zum Wohlgefallen aller Wesen im Universum veranstaltet wurden. Was ihr abging, war ein Interesse an der Signifikanz der tieferen Lehren, wie es so oft bei Visionären und hellsichtig begabten Menschen der Fall ist. Sie nehmen die Bewohner der Götter- und Elfenreiche mit einer Lebhaftigkeit wahr, daß sie völlig in der Schönheit dieser Lichtwelten aufgehen, und danach kommen sie kaum noch auf die Idee, sich nach der letztlichen Bedeutung all dieser Phänomene zu erkundigen.

Aber genau dieser endgültigen Bedeutung galt Waites größtes Interesse, und er erkannte, daß Pamela mit ihrer Hellsicht, ihrer Phantasie und ihrer künstlerischen Kompetenz bestens geeignet war, ein Tarot unter seiner Anleitung zu produzieren, das zugleich ein Kunstwerk und ein Tor zur Wahrheit sein würde.

Die Bedeutung dieser Arbeit mußte ihr »langsam und löffelweise eingetrichtert werden«, wie Waite sich ausdrückte, besonders im Falle von Karten wie »Die Hohepriesterin«, »Der Narr« und »Der Gehängte«. Hierzu fällt auf, daß der Narr die einzige Karte ist, auf der Pamelas caduceusförmige Initialen fehlen. Falls sie vorhanden sind, hat die Künstlerin ihr Kennzeichen derart mit dem Felsgestein verwoben, daß man es nicht mehr erkennen kann. Hierbei muß es sich ebenfalls um einen Einfall von Waite gehandelt haben. Die mystische Bedeutung ist zu klar, um weiter ausgeführt werden zu müssen.

Zum »Gehängten« erklärt Waite in seiner Autobiographie, daß die Wahrheit, die in dieser Karte zum Ausdruck gebracht wird, einer höchst unwahrscheinlichen Quelle entspringt (womöglich meinte er Antoine Court de Gebelin, der dem okkulten Tarotismus eine Starthilfe gab; Waite hatte keine Geduld mit dieser Bewegung). Die Bedeutung der Karte muß ebenfalls nicht näher erklärt werden. Falls sie irgend jemandem nicht sofort ins Auge sticht, dann soll ihm das Vergnügen der eigenen, spontanen Entdeckung hier nicht genommen werden. Es lohnt sich, alles zu lesen, was Waite an verschiedenen Stellen in diesem Buch zu dem Gehängten gesagt hat, und dabei zu bedenken, daß er, gerade wenn seine Sprache am sachlichsten wirkt, auf ein verborgenes Mysterium deutet. Ein weiterer Hinweis: Zeigen Sie die Karte »Der Gehängte« einem Freund, der das Tarot noch nie gesehen hat, und lassen Sie ihn die Karte in die eigene Hand nehmen. Was macht er damit? Es funktioniert nur, wenn Sie ihm die Karte selbst überreichen, nicht mit dem an dieser Stelle geöffneten Bild im Buch, und es ist am besten, wenn Sie kein Anzeichen der Erwartung preisgeben. Eine andere Methode ist, einem Freund den ganzen Packen zur Durchsicht zu reichen und dann zu beobachten, was er macht, wenn er auf den Gehängten stößt.

Waites Tarot enthält zahllose Symbole, die unsere Aufmerksamkeit nur sehr indirekt erregen. Es lohnt sich, das Buch greifbar zu haben und dann schrittweise in die Welt dieser Symbole einzutauchen. Selbst die plagiarisierte und schlecht gedruckte Ausgabe von De Laurence zählt seit Jahren schon zu den Schätzen in meinem Haus, aber es tut gut, das Tarot wieder in seiner Originalform gedruckt zu sehen.

Auch wenn kein Interesse an den mystischen Hintergründen vorhanden ist, verliert dieses Buch nicht an Bedeutung. Der Abschnitt mit dem Titel: »Das Tarot und seine Geschichte« enthält eine Zusammenfassung der Entwicklungsgeschichte des okkulten Tarot und eine sachliche Einschätzung der bisher veröffentlichten Ansichten. Wer das kulturelle Phänomen dieser modernen Variante der Ikonotropie, wie Robert Graves es nannte, studieren will, muß sich auf diesen Abschnitt beziehen.

Falls irgend jemand die Frage nach der Tarot-ähnlichen Symbolik in T. S. Eliots berühmtem Gedicht »*The Waste Land*« stellt, soll er dieses Buch lesen und sich nicht von Eliots neuesten, ein wenig abfälligen Bemerkungen über »die wilde Jagd nach Tarotkarten« beirren lassen. Das »traditionelle Tarot«, das in Eliots Versen eine bedeutende Rolle spielt, kann kein anderes als das Tarot von Waite gewesen sein, und es spricht für Eliot, daß seine Phantasie davon in der zweiten Dekade des zwanzigsten Jahrhunderts angeregt wurde. Ein von Eliot erwähntes Sinnbild ist »der Mann mit den drei Stöcken«, was ein sehr präziser Titel für die Karte »Drei der Stäbe« von Waite ist und auf kein Tarot eines anderen Autoren zutrifft. Außerdem ist »Der Gehängte« nur bei Waite eine noble Figur, die Erinnerungen an den »Gehängten Gott« in Frazers *Golden Bough* wachrufen kann, wie Eliot über diese Karte sagte. *

Die Tatsache, daß prominente Dichter und renommierte Psychologen das Tarot ernstgenommen haben, veranlaßt uns, die eigenen Zweifel über seinen Wert noch einmal zu überdenken. Müssen wir die Gepflogenheiten der Renaissance auch jetzt noch am Leben halten und grundsätzlich alles als Allegorie betrachten? Auf jeden Fall treibt diese Manie uns dazu, den wechselhaften Energiefluß des Lebens wie ein vollkommen separates und in gewisser Hinsicht personifiziertes Flickwerk von Fortuna, Zeit, Tod etc. wahrzunehmen. Alan Watts erklärte einmal, daß wir unserer eigenen Mythologie auf den Leim gegangen sind, und die Tarotsymbole geben ihm recht.

Dennoch könnte das Tarot von Waite auch eine Lösung für gerade dieses Problem darstellen. Die Kartenbilder haben einen enorm vielschichtigen, universellen Symbolgehalt und sind daher geeignet, den Intellekt des Betrachters aus seinen gewohnten Gleisen zu werfen. In seiner Autobiographie bezeichnet Waite sein Tarot als eine Meditationshilfe und weist darauf hin, daß die Karten keine okkulte Bedeutung haben, sondern eine mystische. Wir sollen unseren Geist öffnen und der höchsten Bedeutungsebene gestatten, sich in uns zu entfalten. Wenn das geschehen ist, können wir eine Kombination von einzelnen Karten betrachten und so fort, bis sich die höhere

* Weitere Ausführungen zu dieser Frage können in meinem »*The Waite-Smith Tarot, Anmerkungen zu ›The Waste Land‹* « gefunden werden. Erschienen im *Bulletin of the New York Public Library*, vol. 58, Nr. 10; Okt. 1954; S. 471-475.

Harmonie der gesamten Reihe vor unseren inneren Augen auftut. Auf diese Weise kann das Tarot das Gift der kulturellen Massenhypnose in Heilkäfte verwandeln oder eine Barriere in ein offenes Tor.

Allerdings eignen Tore und Türen sich in gleichem Maße zum Eintreten und Austreten, und wir sind von Rechts wegen entrüstet, wenn Leute in ihnen stehenbleiben und lange Reden halten. Womöglich ist dies das Problem bei der Mehrzahl unserer »Tore zur Wahrheit«. Zwischen Tür und Angel wird zu viel geredet und zu wenig durchgelassen.

Und nachdem dies gesagt wurde, höre ich auf, über Waite und sein Tarot zu sprechen und lasse ihn selbst zu Wort kommen.

Gertrude Moakley

NEW YORK CITY
31. August 1959

VORWORT

Es scheint mir weniger Vorliebe im Sinne von *apologia* als eine Notwendigkeit zu sein, an erster Stelle eine simple Erklärung über meine persönliche Position als langjähriger Literat abzugeben, der im Rahmen seiner spirituellen und sonstigen Limitationen den Standpunkt der höheren mystischen Schulen vertritt. Es wird mit Sicherheit auf Befremden stoßen, daß einer sich heutzutage noch mit einem Thema befaßt, das auf den ersten Blick nicht mehr als eine ordinäre Methode der Wahrsagerei propagiert. Nun sind die Meinungen von »Herrn Schmidt«, selbst jene in Form von Literaturkritiken, gänzlich unbedeutend, es sei denn, sie stimmen mit den eigenen überein, doch um diese Behauptung zu heiligen, müssen wir sicher sein, daß unsere Meinungen und die ihnen zugrundeliegenden Themen allein den höchsten Erkenntnissen entspringen. Dennoch wird eben dies in Zweifel gezogen werden, nicht nur von »Herrn Schmidt«, den ich mit gebührender Losgelöstheit respektiere, sondern auch von Persönlichkeiten mit weitaus größerem Einfluß. Solche und alle anderen möchte ich darauf aufmerksam machen, daß der höchst illuminierte Frater Christian Rosenkreuz die Chemische Hochzeit im Geheimpalast der Transmutation erlebte, woraufhin seine Erzählung abrupt abbricht und nur noch ahnungsvoll verkündet, daß er bestenfalls erwarte, am nächsten Morgen zum Torhüter des Königreichs auserkoren zu werden. Desgleichen geschieht es häufiger, als man annehmen möchte, daß Menschen, die den König des Himmels durch die transparentesten Schleier der Sakramente erblickt haben, fortan die bescheidensten Aufgaben im Hause Gottes übernehmen. Hierin liegt der Unterschied zwischen den Adepten und Großen Meistern der Geheimen Orden und der Masse der Neophyten, die da *servi servorum mysterii.*

Auf nicht ganz unähnliche Weise begegnen wir den Tarotkarten am äußersten Tor zum Himmelreich – inmitten des Auswurfs und Gebrabbels der sogenannten okkulten Künste, welche keinen vernunftbegabten Menschen auch nur eine Sekunde lang hinter das Licht führen dürften. Und doch entspringen diese Karten an und für sich einer höheren Dimension und enthalten einen Symbolismus erster Güte, der den Gesetzen gnadenreicher Einsicht gemäß interpretiert werden muß, niemals mit Hilfe der Vorwände oder Einfälle dessen, was gemeinhin als Wahrsagerei durchgeht.

Die Tatsache, daß die Weisheit Gottes beim Menschen als Idiotie gilt, läßt keineswegs darauf schließen, daß die Idiotie dieser Welt in irgendeinem Sinne als Weisheit ausgelegt werden kann, und so wird weder der gewöhnliche Gelehrte noch der angesehene Pädagoge die Wahrscheinlichkeit oder gar Möglichkeit dieser Sichtweise in bezug auf das Tarot erwägen. Das Thema lag allzu lange schon von Berufs wegen in den Händen von Kartenlegern, und mir obliegt es nicht, irgend jemanden außerhalb meines Kreises von seiner Wichtigkeit oder Unwichtigkeit zu überzeugen.

Auch auf historischem und interpretativem Gebiete hat das Tarot kaum weniger gelitten; es lag in den Händen von Befürwortern, die es für alle philosophisch einsichtsvollen Menschen, denen auch nur das geringste an Beweisen liegt, schlichtweg verachtenswert machen. So wird es Zeit, das Tarot zu retten, und dies versuche ich hiermit ein für allemal, indem ich es aller vom Kernstück ablenkenden Nebensächlichkeiten entledige.

Wenn Poesie die schönste Ausdrucksform für das Allerwunderbarste ist, so ist der Symbolismus die katholischste aller Formen für die geheimsten Offenbarungen des profundesten Heiligtums und wurde nie außerhalb mit der gleichen Fülle in Worte gefaßt. Die Schweigepflicht einzuhalten, gehört nicht zu meinen derzeitigen Sorgen, aber ich habe an anderer Stelle und vor noch nicht langer Zeit schriftlich niedergelegt, was zu diesem Thema zu sagen ist.

Das nachfolgende Traktat wurde in drei Abschnitte aufgeteilt, wobei ich mich im ersteren mit den Ursprüngen des Tarot und einigen Dingen im engsten Zusammenhang befasse. Es muß erwähnt werden, daß dies kein Beitrag zur Historie von Spielkarten, die ich weder kenne, noch für wichtig halte, sein soll. Es ist vielmehr einer bestimmten Schule des Okkultismus gewidmet, insbesondere in Frankreich vertreten, um genauer zu werden; es richtet sich an die Quelle und das Zentrum all jener Phantasmagorien, welche in den letzten fünfzig Jahren unter dem Vorwand veröffentlicht wurden, sich mit der Geschichte des Tarot zu befassen. Im zweiten Teil behandele ich die höheren Aspekte des Tarot-Symbolismus und führe den Leser zugleich in das vollständige und berichtigte Tarot ein, unabhängig vom Text erhältlich, und zwar in Form von farbigen Karten, deren Abbilder hier im Schwarz-weiß-Druck wiedergegeben werden.

Die Karten wurden unter meiner Anleitung hergestellt, jedenfalls was ihre Gestaltung und Bedeutung betrifft, und zwar von einer Dame mit hohen künstlerischen Verdiensten. Was die Interpretationen der Karten angeht, mit denen ich meine Ausführungen abschließe, so betrachte ich sie persönlich als Fakten in der Geschichte des Tarot; es handelt sich um ein harmonisches Destillat aus allen bisher veröffentlichten Quellen, und ich habe eine spezielle Legetechnik aufgeführt, die noch nie zuvor an die Öffentlichkeit gebracht wurde. Da diese Technik zugleich die Tugend der Einfachheit und universellen Gültigkeit besitzt, kann sie die langwierigen und schwer nachvollziehbaren Deutungsmethoden in den voluminöseren Handbüchern ersetzen.

Der Bilderschlüssel zum Tarot

TEIL I

DER SCHLEIER UND SEINE SYMBOLE

1

EINFÜHRUNG

Die Pathologie des Dichters verkündet: »Der gottlose Astronom ist wahnsinnig.« Die Krankheit des gewöhnlichen Mannes besteht in seiner Überzeugung, daß das Genie dem Wahnsinn gleicht. Und zwischen diesen beiden Extremen, die für zehntausend ähnliche Exzesse stehen, übernimmt die überlegene Vernunft die Rolle des Vermittlers und tut, was sie kann. Ich glaube nicht, daß es eine Pathologie der okkulten Zünfte gibt, wenngleich ihre Ausschweifungen von niemandem in Frage gestellt werden können, und es ist eine ebenso schwierige wie undankbare Aufgabe, im okkulten Bereich als Vermittler fungieren zu wollen. Außerdem wäre eine Pathologie, sofern sie existierte, höchstenfalls eine vermutete, keine diagnostizierbare, und liefert demnach kein Kriterium. Nun darf man den Okkultismus nicht mit mystischer Einsicht verwechseln; ersterer funktioniert nur selten im Einklang mit den Belangen des gewöhnlichen Lebens, noch fügt er sich einem nachweislichen Wissen auf anderen Gebieten.

Ich weiß, daß es kaum etwas Langweiligeres für die Verteter der hohen Kunst der Unverschämtheit gibt, als eine Kritik, die eine These für unwahr erklärt, weil der Kritiker nicht begreift, daß es sich um bloße Dekoration handelt. Auch weiß ich, daß es nach langen Auseinandersetzungen mit zweifelhafter Doktrin und schwieriger Recherche immer äußerst erquicklich ist, wenn man auf diesem Gebiet auf einen offensichtlichen Betrug oder wenigstens hanebüchenen Unsinn stößt. Betrachtet man die Aspekte der Geschichte durch die Linse des Okkultismus, sind sie im wesentlichen nicht sonderlich dekorativ und liefern auch kaum Erquickliches, das die Wunden des tödlich angegriffenen logischen Verstandes zu heilen vermöchte. So erfordert es in etwa die Geduld eines *Frater Sapiens dominabitur astris* in der Bruderschaft der Rosenkreuzer, nicht in den Dunstwolken derartiger Narretei unterzugehen und genug Konzentration aufzubringen, um den höheren Symbolismus des Tarot und seine Gesetzmäßigkeiten darzulegen.

Das wahre Tarot ist Symbolismus; es spricht keine andere Sprache und liefert keine anderen Wegweiser. Betrachtet man die innere Bedeutung seiner Embleme, so werden sie zu einer Art Alphabet, das zu endlosen Kombinationen fähig ist und jedesmal wahrhaftigen Sinn ergibt. Auf der höchsten Ebene überreicht es uns einen Schlüssel zu den Mysterien, und dies auf eine Weise, die weder zufällig ist, noch hineingelesen werden muß. Aber das Tarot wurde mit verdrehten symbolischen Inhalten überfrachtet, und eine verfälschte Vorgeschichte ist in jedem bisher erschienenen Werk über das Tarot veröffentlicht worden. Zwei oder drei Schreiber haben darauf hingewiesen, daß dies unvermeidlich sei, wenigstens, was die Auslegung der Karten betrifft, da nur wenige sich wirklich auskennen, und diese Wenigen haben sich der Schweigepflicht der Eingeweihten unterworfen und können das in sie gelegte Vertrauen nicht enttäuschen. Derlei Behauptungen klingen phantastisch bei oberflächlicher Betrachtung, denn wir empfinden einen gewisse Ehrfurcht bei der Vorstellung, daß Wahrsagen – *l'art de tirer les cartes* – allein den Söhnen der Doktrin vorbehalten sein soll. Dennoch bleibt die Tatsache bestehen, daß eine geheime Tradition des Tarotlegens existiert, und da die Möglichkeit jederzeit besteht, daß ein Geheimnis niederer Ordnung (Kleines Arkana) eines Tages mit Fanfarenstößen herausposaunt wird, ist es ratsam, die Neugierigen jetzt schon vorzuwarnen, denn jede Offenbarung auf diesem Gebiet wird höchstens ein Drittel dieses Mysteriums freigeben, höchstens ein Drittel der Sterne am Firmament dieses Symbolismus. Das liegt ganz einfach daran, daß über nichts so viel geschrieben wurde, ohne das Kernthema dabei zu erschöpfen, weder was seinen Ursprung noch seine Entwicklung betrifft, und so bleibt nach jeder vermeintlichen Enthüllung noch unendlich viel zu sagen. Die Hüter der Mysterien in gewissen Einweihungsstätten haben also nichts zu befürchten.

In meiner Einleitung zu »*The Tarot of the Bohemians*«, das eher durch eine Verkettung von Zufällen kürzlich nach langen Jahren neu aufgelegt wurde, habe ich gesagt, was damals möglich war oder mir am notwendigsten erschien. Das vorliegende Buch soll die vollständig überarbeiteten Karten bekanntmachen – wie bereits erwähnt wurde – und die unverfälschte Wahrheit ihrer Symbole bekanntgeben, soweit dies in den äußeren Kreisen möglich ist.

Was die Reihenfolge der Größeren Symbole betrifft, muß gesagt werden, daß ihre endgültige und höchste Bedeutung tiefer liegt als jede gewöhnliche Bilder- und Zeichensprache. Jeder, der in einen Teil der geheimen Tradition eingeweiht worden ist, wird dies verstehen. Die verbalen Bedeutungen, die den symbolhafteren Trumpfkarten (Große Arkana) hier zugemessen werden, sollen die aberwitzigen und irreführenden Interpretationen der Vergangenheit ersetzen, sie sollen mit Einsicht begabte Menschen auf die richtige Spur bringen und die Wahrheit, insofern sie mitteilbar und mir zugänglich ist, über die Karten verkünden.

In mancher Hinsicht ist es bedauerlich, daß ich eine gewisse Zurückhaltung eingestehen muß, aber hier geht es um eine Ehrenfrage. Zwischen dem närrischen Gebrabbel jener, die nichts von der Tradition verstehen, sich aber für Exponenten von etwas halten, das sie okkulte Wissenschaften und Philosophie nennen, und den Phantasien einiger Schreiber auf der anderen Seite, die eine teilweise Einweihung in die Tradition erfahren haben und nun glauben, daß dies sie von Rechts wegen ermächtigt, der Welt Sand in die Augen zu streuen, stehe ich mit dem Gefühl, daß es Zeit wird, das Mögliche zu sagen, um die Auswirkungen des derzeitig grassierenden Scharlatanismus und Wahnsinns auf ein Minimum zu reduzieren.

Wir werden bald sehen, daß die Vorgeschichte der Tarotkarten im wesentlichen eine nicht-vorhandene ist, weil die Karten in der Tat keine uns bekannte Geschichte vor dem vierzehnten Jahrhundert haben, auch wenn allerlei Spekulationen und Hirngespinste zum Gegenteil mit eklatanter Selbstsicherheit vorgetragen werden. Die Behauptung oder Selbsttäuschung, daß das Tarot seinen Ursprung in Ägypten, Indien oder China hatte, umgab schon die frühen Kartenleger mit einem Hauch der Verlogenheit, und spätere Okkultisten haben nicht viel mehr getan, als das erste falsche Zeugnis zu wiederholen, ohne eigene Recherchen mit ihrem guten Glauben konkurrieren zu lassen. In Wahrheit stimmen sämtliche Karteninterpretationen nur innerhalb eines sehr beschränkten Rahmens und bleiben der Erfindungsgabe verhältnismäßig viel schuldig.

Mindestens eine hervorragende Gelegenheit ist bisher verpaßt worden, denn offenbar ist noch niemandem eingefallen, daß das Tarot womöglich eine geheime Symbolsprache der Albigenser gewesen sein mag und sein Ursprung auf diese Sekten zurückgeführt werden könnte. Ich lege diesen Hinweis den spirituellen Nachfahren von Gabriele Rosetti und Eugene Aroux nahe, auch Mr. Harold Bayley, als ein weiteres *»Neues Licht auf der Renaissance«*, und diene ihn als eine Fackel in der Dunkelheit mit großem Respekt dem eifernd überallsuchenden Geiste von Mrs. Cooper Oakley an. Man denke nur, was das mutmaßliche Zeugnis von Wasserzeichen auf Papier uns verraten könnte, wenn wir die Tarotkarte »Der Papst« oder »Hierophant« in Verbindung mit einem geheimen albigensischen Patriarchen bringen, nachdem Mr. Bayley bereits so viel Anregendes im nämlichen Wasserzeichen gefunden hat. Man denke nur einen Moment lang an die Hohepriesterin als eine Repräsentation der albigensischen Kirche als solche; und an den vom Blitz getroffenen Turm als die ersehnte Zerstörung des päpstlichen Roms, Stadt auf den sieben Hügeln, wo der Pontifex mitsamt seiner zeitgebundenen Macht vom spirituellen Hochsitz stürzt, wenn das Gebäude, vom Zorn Gottes getroffen, auseinanderbirst. Die Möglichkeiten sind so vielfältig, daß sie ihre erlauchten Erfinder daselbst in Verwirrung bringen können.

Aber selbst dies ist nicht alles, obwohl ich kaum wage, es zu zitieren. Als es an der Zeit war, die Tarotkarten zum ersten Mal offiziell zu archivieren, reproduzierte der Archäologe Court de Gebelin einige ihrer bedeutsamsten Symbole, und seitdem hat der von ihm benutzte Kodex – wenn ich es so nennen darf -, eingraviert auf Platten, als Grundlage für viele nachfolgende Kartenspiele gedient. Die Figuren sind recht primitiv und unterscheiden sich damit deutlich von den Etteillakarten, dem Marseiller Tarot und anderen, noch heute in Frankreich kursierenden Packen. Ich kann diese Dinge nicht genau beurteilen, aber die Tatsache, daß jede einzelne Trumpfkarte Wasserzeichen aufwies, zeigte sich in allen hier zitierten Fällen und zudem bei einem wahrhaft bemerkenswerten Beispiel: dem »As der Kelche«.

Ich könnte den Kelch als eucharistisches Emblem begreifen, ähnlich einem Hostienkelch, aber das bedeutet im Moment noch nichts. Worum es geht, ist, daß Harold Bayley sechs ähnliche Zeichen in seinem »*Neues Licht auf der Renaissance*« aufführt, allesamt Wasserzeichen auf Papieren aus dem siebzehnten Jahrhundert, die er auf albigensischen Ursprung zurückführt und als sakramentale und Gralsembleme bezeichnet. Hätte er nur vom Tarot gehört, so wäre ihm eingefallen, daß diese Karten der Wahrsagerei, Spielerei und vagabundierenden Lebenskünste womöglich zur fraglichen Zeit in Südfrankreich kursierten, und dann wäre seine entzückende, aber etwas zu phantastische Hypothese noch weiter ausgedehnt worden. Zweifellos hätten wir auf diese Weise eine Vision von der puren, primitiven Wahrheit erhascht, die hinter den Bildnissen steht.

Ich blicke nicht durch die Augengläser der Christlichen Gnostiker, Manizäer oder sonstige und kann Mr. Bayley lediglich empfehlen, das Thema später zu erwägen; hier wird nur erwähnt, daß ich die Karten mit gelindem Staunen über die wilden Spekulationen über ihre Vorgeschichte behandele.

Was ihre Form und Anzahl betrifft, so dürfte es kaum notwendig sein, viele Worte darüber zu verlieren, schließlich sind die Karten nahezu jedem bekannt, aber man darf wohl kaum etwas voraussetzen, und da es auch andere Gründe für die folgenden Ausführungen gibt, will ich die Karten kurz beschreiben:

2

DIE TRUMPFKARTEN ODER GROSSEN ARKANA

1. ***Der Magus, Magier oder Juggler***, der Würfelspieler, Jongleur und Scharlatan in der Welt betrügerischer Illusion. Aber das ist die kolportierte Interpretation, und sie hat ebensoviel mit der wahren symbolischen Bedeutung gemein wie das ordinäre Wahrsagen mit dem mystischen Fundament der geheimen Wissenschaft des Symbolismus. Hier muß erwähnt werden, daß viele unabhängige Forscher ihren eigenen Eingebungen folgend zu gewissen Schlüssen über die Bedeutung der Trumpfkarten gelangt sind, manche davon recht einleuchtend, aber nicht wahrhaft erleuchtend. Eliphas Lévi behauptet zum Beispiel, daß der Magier jene Einheit repräsentiert, die man als »Mutter aller Zahlen« bezeichnen kann; andere deuten »Göttliche Einheit« hinein; und einer der jüngsten französischen Kommentatoren sieht den generellen Sinn der Karte im »Willen«.

2. ***Die Hohepriesterin, Päpstin Johanna*** oder weiblicher Papst. Frühe Deutungen bezeichnen die Karte als »Die Mutter« oder »Papstgemahlin«, was dem Symbolismus jedoch widerspricht. An mancher Stelle wird sie als Repräsentation des Göttlichen Gesetzes und der Gnosis ausgelegt, was sie mit dem Konzept der *Schekinah* verbinden würde. Sie ist die Geheime Tradition und die höhere Ebene der überlieferten Mysterien.

3. ***Die Herrscherin***. Ihr Gesicht wird manchmal frontal abgebildet, während ihr Gegenstück, der Herrscher, im Profil erscheint. Da dieser Unterschied hin und wieder als symbolhaft ausgelegt wird, soll hier erklärt werden, daß keine tiefere Bedeutung damit verbunden ist. Die Herrscherin wird mit dem Konzept universeller Fruchtbarkeit in Verbindung gebracht und mehr generell mit Aktivität an sich.

4. *Der Herrscher*, Gemahl der obigen. Er wird an mancher Stelle mit den Sternen oder Ordensbändern eines Ritterordens abgebildet, zusätzlich zu seinen persönlichen Insignien. Ich erwähne dies, um zu zeigen, daß die Karten eine Mischung aus alten und neuen Emblemen sind. Wer Bedeutung in das letztere hineinsieht, möge es auch beim ersteren versuchen. Die Tatsache, daß ein antikes Zeichen vorhanden ist, läßt nicht zwangsläufig auf das Altertum der Gesamtdarstellung schließen, ebensowenig wie wir uns auf sporadische Neuheiten stürzen dürfen, die womöglich nur auf die ungelenke Hand eines Lektors oder säumigen Zeichners zurückzuführen sind.

5. *Der Hohepriester oder Hierophant*, auch der Spirituelle Vater genannt und, weiter verbreitet und offensichtlicher, »Der Papst«. Die Karte wurde offenbar dereinst auch »Der Abt« geheißen und die korrespondierende Hohepriesterin »Die Äbtissin« oder »Klostermutter«. Beide Namen sind frei erfunden. Die Insignien der Figuren wirken päpstlich, und so kann die Hohepriesterin allein die Kirche repräsentieren, mit der Papst und Priesterschaft durch den geistigen Ritus der Ordination vermählt wurden. Ich glaube jedoch, daß diese Karte in ihrer ursprünglichen Form nicht den römischen Papst repräsentierte.

6. *Die Liebenden oder Ehe.* Dieses Symbol hat viele Variationen durchlaufen, wie zu erwarten bei einem solchen *sujet.* Im achtzehnten Jahrhundert, wo eine Variante zum ersten Mal von Historikern untersucht wurde, handelt es sich wahrhaftig um ein Abbild des Ehelebens mit Vater, Mutter und einem Kind zwischen den beiden; der heidnische Amor schwebt darüber, soeben im Begriff, einen Pfeil abzuschiessen, und ist eindeutig ein fehlbesetztes Emblem. Der Amor steht für beginnende Liebe, nicht die Liebe in ihrer Fülle, und er ist kein Beschützer der Liebesfrucht. Es heißt, daß die Karte den Titel *Simulacrum fidei* hatte, Sinnspruch der ehelichen Treue, für das der Regenbogen jedoch, als Zeichen der Verheißung, ein angemesseneres Symbol gewesen wäre. Des weiteren sollen die Figuren Wahrheit, Ehre und Liebe repräsentieren, aber ich vermute, daß derlei Glattheiten eher auf einen moralisierenden Kommentator zurückzuführen sind. Die Karte besitzt diese Aspekte, aber auch andere und höhere.

7. *Der Wagen.* Dieser wird in manchen Ausführungen von zwei Sphinxen gezogen, was mit dem Symbolismus übereinstimmt, aber nicht der ursprünglichen Form entspricht. Die Variante wurde erfunden, um eine bestimmte geschichtliche Hypothese zu unterstützen. Im achtzehnten Jahrhundert wurden weiße Pferde an den Wagen geschnallt. Was den Namen der Karte betrifft, so steht das Geringere für das Höhere, denn in Wirklichkeit ist dies der Triumph des Königs und repräsentiert den Sieg, welcher einen Menschen zum König macht, nicht den gebürtigen König der vierten Karte. Court de Gebelin sagte, daß es sich um den triumphierenden Osiris handelt, die siegreiche Sonne des Frühlings, nachdem sie die Hürden des Winters überkommen hat. Heute wissen wir, daß der aus dem Totenreich aufsteigende Osiris nicht von einem derartig offensichtlichen Symbolismus repräsentiert werden kann. Auch andere Zugtiere sind im Lauf der Zeit vor den Triumphwagen gespannt worden, wie zum Beispiel ein Löwe und ein Leopard.

8. *Kraft.* Hier handelt es sich um eine der kardinalen Tugenden, die ich später näher erläutern werde. Gewöhnlich zeigt die Karte eine Frau, die das Maul eines Löwen schließt. In einer frühen Form, nachgedruckt von Court de Gebelin, ist sie jedoch offensichtlich dabei, das Löwenmaul zu öffnen. Die erste Alternative ist symbolisch einleuchtender, aber beide repräsentieren ein Beispiel der Kraft, wie sie konventionell verstanden wird, und vermitteln die Idee der Meisterschaft. Manche sagen, daß die Figur organische und moralische Stärke und das Prinzip aller Kraft schlechthin repräsentiert.

9. ***Der Eremit,*** wie er gemeinhin genannt wird, steht als nächster auf der Liste; er ist zugleich auch der Kapuziner und, mehr philosophisch ausgedrückt, der Weise. Er ist auf der Suche nach jener Wahrheit, die weit hinten in der Sequenz erlangt wird, und nach einer Gerechtigkeit, die ihm auf diesem Weg voranschreitet. Aber dies ist auch eine Karte der Vervollkommnung, wie wir später sehen werden, nicht allein eine der Suche. Auch heißt es, daß das Licht der okkulten Wissenschaft in seiner Laterne glimmt und daß sein Wanderstock in Wirklichkeit ein Zauberstab sei. Solche Interpretationen sind in jeder Hinsicht mit den weissagenden Deutungen vergleichbar, die ich später ausführen werde. Das Diabolische ist, daß beide Auslegungen auf ihre eigene Art richtig sind und dennoch all die höheren Dinge unterschlagen, die dem Großen Arkana von Rechts wegen zuerkannt werden müssen. Es ist wie ein Mann, der im Grunde seines Herzens weiß, daß alle Wege himmelwärts führen und Gott in der höchsten Höhe zu finden ist, worauf er den Weg der Drangsal oder der Narretei als eigenen Pfad zum höchsten Ziel wählt. Eliphas Lévi hat diese Karte der Vorsicht (Prudenzia) zugeordnet und damit seinem Trachten nachgegeben, eine Lücke im Symbolismus des Tarot zu füllen. Die vier kardinalen Tugenden sind notwendig, wenn man einer ideologischen Sequenz folgen will, wie bei den Trumpfkarten, aber sie dürfen nicht nur im nächstliegenden Sinne verstanden werden, welcher in diesen Zeiten des Groschenjournalismus allein zum Nutzen und Trost des sogenannten kleinen Mannes existiert. Richtig verstanden, weisen diese Tugenden auf eine innere Vollkommenheit hin und sind, frei ausgedrückt, die folgenden:

(a) Transzendentale Gerechtigkeit, bei der die Waage der Justiz einseitig schwer auf der Seite Gottes belastet wird. Der korrespondierende Rat ist, einseitig beschwerte Würfel beim Pokern mit *Diabolus* zu benutzen, falls mit hohem Einsatz gespielt wird. Der Grundsatz ist: *Aut Deus, aut nihil.*

(b) Göttliche Ekstase – dies als Gegengewicht zu dem, was man Mäßigkeit (Temperance) nennt und was, wie ich meine, daran zu erkennen ist, daß die Lichter in der Taverne frühzeitig gelöscht werden. Der korrespondierende Rat ist, nur besten Wein im Königreich Gottes zu trinken, denn Gott ist alles in allem. Der Grundsatz ist, daß der Mensch, als rationales Wesen volltrunken mit Gott sein muß, etwa wie es bei Spinoza der Fall war.

(c) Der Zustand Königlicher Kraft – welcher der Zustand eines Elfenbeinturms und eines Hauses aus Gold ist, aber es ist Gott, nicht der Mensch, welcher zum *Turris fortitudinis a facie inimici* wurde, und aus diesem Turm ist der Feind vertrieben worden. Der korrespondierende Rat ist, daß man sich nicht retten oder verschonen soll, auch nicht im Angesicht des Todes, sondern sicherstellen muß, daß jedes Opfer, das man unter allen offenstehenden Möglichkeiten bringt, das hehrste Ziel erwirkt. Der Grundsatz ist, daß innere Kraft ein solches Ausmaß erlangen kann, daß ein Mensch es wagen mag, sich selbst zu verlieren, um Gott durch diese Kraft zu finden, und zu diesem Refugium wage dich deshalb vor und lerne.

(d) Vorsicht, *Prudence* – ist eine Ökonomie, die dem Weg des geringsten Widerstands folgt, auf daß die Seele zurückfinden möge zum Ursprung, aus dem sie kommt. Es ist die Doktrin der göttlichen Sparsamkeit und Energieerhaltung im Angesicht der Belastungen, des Terrors und der manifesten Impertinenzen dieses Lebens. Der korrespondierende Ratschlag ist: Verschwende nicht, brauche nicht. Das Fazit ist ein Handelsgeschäft, beruhend auf den Gesetzen des Austauschs: Du erlangst in jedem Fall, was du suchst, sofern es die göttlichen Dinge betrifft – das Gesetz des Angebots und der Nachfrage regiert.

Aus zwei Gründen habe ich diese Themen schon an diesem Punkt angeschnitten :

(a) Trotz der Unbestechlichkeit des Geistes können wir manchmal nur mit verhältnismäßiger Mühe feststellen, ob es Lasterhaftigkeit ist oder simple Vulgarität, an der die Welt von heute zugrunde geht.

(b) Um altüberkommene Konzepte und deren Unzulänglichkeit zu überwinden, ist es bei Gelegenheit angebracht, Begriffe und Phrasen ihrer akzeptierten Signifikanz zu entledigen, um ihnen eine neue und adäquatere Bedeutung zu verleihen.

10. *Rad des Schicksals.* Zur Zeit kursiert ein »*Handbuch des Kartenlegens*«, in England gerade hochmodisch geworden, in dem zwischen allerlei Kuriositäten und Nichtsnutz auch einige seriöse Themen angeschnitten werden. In seiner neusten und umfassendsten Ausgabe ist ein Abschnitt dem Tarot gewidmet, welches – wenn ich den Autor recht verstehe – vom Anfang bis Ende mit dem »Rad des Schicksals« gleichgesetzt wird. Ich habe nichts gegen eine derart allumfassende, wenngleich konventionelle Erklärung; sie funktioniert auf allen Ebenen, und so staune ich, daß sie nicht viel früher schon als passender Titel vom wahrsagenden Volk aufgegriffen wurde. Der Name dieser Trumpfkarte ist seit einigen Jahren allerlei Phantasmagorien anheimgefallen, auch einer hypothetischen Neuinterpretation, deren Symbolismus recht suggestiv ist. Das Rad hat sieben Radien; im achtzehnten Jahrhundert wurden den aufsteigenden und absteigenden Tieren keine exakten Charaktereigenschaften zugeordnet, obwohl ein Tier einen Menschenkopf vorwies. An der Spitze des Rades befand sich ein weiteres Monstrum mit dem Körper eines undefinierbaren Tieres, Flügeln an den Schultern und einer Krone auf dem Kopf. In seinen Klauen hielt es zwei Stäbe. In der Neufassung wurden diese von einem mit dem Rade aufsteigenden Hermanubis ersetzt, einer Sphinx, die am Zenit des Kreises hockt, und einem Typhon auf der absteigenden Seite. Hier haben wir es mit einer weiteren Erfindung zu tun, die allein dazu dient, eine bereits bestehende Hypothese zu beweisen; aber davon abgesehen, ist die Gruppierung korrekt und kann als solche akzeptiert werden.

11. *Gerechtigkeit.* Daß das Tarot, obwohl es mit großer Wahrscheinlichkeit der Antike angehört, nicht vor unausdenkbaren Urzeiten entstand, wird von dieser Karte verdeutlicht, denn sie hätte in weitaus archaischerer Manier präsentiert werden können. Doch wer Unterscheidungsvermögen in diesen Dingen besitzt, muß nicht darauf hingewiesen werden, daß das Alter nicht die Essenz unserer Bedenken tangiert. Der Ritus des Schließens der Loge beim dritten Meisterschaftsgrad der Freimaurer mag dem späten achtzehnten Jahrhundert angehören, aber die Tatsache bedeutet nichts; es ist weiterhin der Abschluß aller überkommenen und offiziellen Mysterien. Bei der weiblichen Figur auf der elften Karte soll es sich um Astraea handeln, welche dieselben Tugenden personifiziert und von denselben Symbolen repräsentiert wird. Einmal abgesehen von dieser Göttin und dem vulgären Amor, wurde das Tarot nicht der römischen Mythologie entlehnt, ebensowenig wie der griechischen. Die Justizia soll eine der vier grundlegenden Tugenden darstellen, welche im Großen Arkana der Reihe nach auftauchen müßten. Aber da es am vierten Emblem mangelte, wurde es für die Kommentatoren notwendig, das Fehlende um jeden Preis zu entdecken. Also taten sie, was sie vermochten; trotzdem ist es den Forschern nie gelungen, die fehlende Persephone unter der Form von Prudenzia zu finden. Court de Gebelin versuchte, dem Dilemma duch eine *tour de force* zu entkommen und meinte, er habe dem Symbol des »Gehängten« das Gewünschte entzogen – womit er sich aber lediglich selbst betrog. Demnach hat das Tarot seine Justizia (Gerechtigkeit), seine Temperance (Mäßigkeit) und seine

Kraft (Fortitude), aber aufgrund einer kuriosen Unterlassung liefert es uns keine Form der Prudenzia, obwohl zugegeben werden muß, daß die Isolation des Eremiten, der dem einsamen Pfad beim Lichte der eigenen Lampe folgt, hierfür empfänglichen Menschen einen höchst anspruchsvollen Rat geben kann, was Vorsicht und Umsicht betrifft.

12. *Der Gehängte*. Eigentlich müßte dieses Symbol die Prudenzia repräsentieren, doch Eliphas Lévi kommentiert auf seine oberflächlich plausible Manier, daß es sich um den Adepten (Eingeweihten) handelt, der an seine Pflichten gebunden ist. Die Figur eines Mannes hängt mit dem Kopf nach unten von einem Querbalken, an den er am Fußgelenk mit Stricken festgebunden ist. Die Arme sind hinter seinem Rücken gebunden, und ein Bein ist über dem anderen gekreuzt. Einer anderen und in der Tat weithin verbreiteten Interpretation zufolge repräsentiert er Opferbereitschaft, aber sämtliche derzeitigen Deutungen entspringen den Einfällen geschäftlicher Kartenleger, ungeachtet jedes echten symbolischen Wertes. Die Wahrsager des achtzehnten Jahrhunderts, die das Tarot unter das Volk brachten, benutzten eine Karte, auf der ein halb femininer Knabe in einem Wams auf einer Fußspitze aufrecht steht und locker an einen kurzen, aus dem Boden ragenden Pfahl gebunden ist.

13. *Tod*. Die Karte taucht überall mit nur geringen Abwandlungen auf und verkörpert eine bourgeoise Form der Symbolträchtigkeit. Die Szene spielt sich auf dem Feld des Lebens ab: zwischen gewöhnlicher, recht karger Vegetation, lugen Arme und Köpfe aus dem Boden hervor. Einer der Köpfe trägt eine Krone, und ein Skelett mit einer riesigen Sichel ist soeben im Begriff, den Gekrönten abzumähen. Die unvermeidliche und transparente Bedeutung ist »Der Tod«, aber die alternative Auslegung ist Wandel und Transformation. Andere Köpfe sind seit Menschengedenken gerollt, aber für unsere Zeit ist dies eindeutig eine Karte des Todes von Königen. In exotischen Kreisen wird von einem Aufsteigen des Geistes in die göttlichen Sphären gesprochen, von Schöpfung und Zerstörung, ewiger Wiederkehr und so fort.

14. *Mäßigkeit*. (Temperance), die geflügelte Frauengestalt – welche im Widerspruch zu jeder Doktrin über die Hierarchie der Engel normalerweise zur Gefolgschaft der Schutzgeister gezählt werden müßte – gießt eine Flüssigkeit von einem Krug in den anderen. In seinem letzten Werk über das Tarot läßt Dr. Papus die traditionelle Form der Karte gänzlich dahinfahren und zeigt eine Frau mit ägyptischem Kopfschmuck. Was einem zuerst und bei nur oberflächlicher Betrachtung auffällt, ist, daß das gesamte Symbol keine sonderliche Beziehung zur »Mäßigkeit« hat, aber die Tatsache, daß die Deutung des Maßhaltens immer schon dieser Karte zugeordnet wurde, weist eindeutig auf eine Bedeutung hinter der Bedeutung hin, was schließlich für das gesamte Tarot gilt und beachtet werden muß.

15. *Der Teufel.* Im achtzehnten Jahrhundert galt diese Karte offenbar eher als Symbol für rein animalische Lüsternheit. Abgesehen von ihrem phantastischen Kopfschmuck ist die Hauptfigur vollkommen nackt; sie hat Fledermausfllügel, und die Hände und Füße wirken wie Vogelkrallen. In der rechten Hand hält sie ein Zepter, das in einem Zeichen mündet, welches gemeinhin für eine Repräsentation von Feuer gehalten wird. Die Gesamtfigur strahlt keine sonderliche Bosheit aus; sie ist schwanzlos, und die Kommentatoren, die behaupten, daß es sich bei den Krallen um die eines Harpyen handelt, wissen nicht, wovon sie reden. Es gibt einleuchtende Gründe für die Annahme, daß es sich um Adlerkrallen handelt. An das Podest, auf dem die Teufelsfigur steht, sind zwei kleine Dämonen mittels am Hals befestigter Ketten geschnallt, mutmaßlich ein weiblicher und ein männlicher Dämon. Diese haben Schwänze, aber keine Flügel. Seit 1856 hat der Einfluß von Eliphas Lévi und seine Doktrin des Okkultismus die Gestalt dieser Karte verändert, und nun erblicken wir eine pseudo-baphometische Figur mit einem Ziegenkopf und einer großen Fackel zwischen den Hörnern. Die Gestalt steht nicht aufrecht, sondern hockt, und sie hat den hermetischen Caduceus an der Stelle der Geschlechtsorgane. In »*Le Tarot Divinatoire*« von Papus werden die kleinen Dämonen von zwei nackten Menschen ersetzt, männlich und weiblich, und sind lediglich aneinander gebunden. Den Autor darf man wegen dieses verbesserten Symbolismus beglückwünschen.

16. *Der vom Blitz getroffene Turm.* Alternative Titel sind: »Plutus' Burg«, »Haus Gottes« und »Turm zu Babel«. Im letzteren Fall werden die herunterstürzenden Figuren für Nimrod und seine Minister gehalten. Es ist zweifellos eine Karte der Verwirrung, und die Gestaltung entspricht in groben Zügen jedem obigen Titel mit Ausahme von »*Maison Dieu*« – es sei denn, wir nehmen an, daß das Haus Gottes verlassen wurde und der Schleier im Tempel zerrissen. Es nimmt mich wunder, daß die Darstellung bisher noch nie mit der Zerstörung von Salomons Tempel erklärt wurde, wo der Blitzschlag das Feuer und Schwert symbolisieren würde, mit dem der König der Chaldäer das Gebäude stürmte.

17. *Der Stern*, Hundsstern oder Sirius, auch phantasievollerweise »Stern der Magie« genannt. Darum gruppiert sind sieben kleinere Himmelskörper, und darunter kniet eine nackte Frauengestalt mit dem linken Bein auf der Erde, während ihr rechter Fuß im Wasser steht. Sie ist dabei, Flüssigkeit aus zwei Krügen zu gießen. Auf einem Baum nahebei sitzt ein Vogel, wobei beides in späteren Ausführungen hin und wieder von einem Schmetterling auf einer Rose ersetzt wurde. Gleichfalls wurde der Stern auch der »Hoffnungsstern« genannt. Dies ist eine der Karten, die Court de Gebelin als »gänzlich ägyptisch« bezeichnete – womit er jedoch nur seine eigenen Hirngespinste beschrieb.

18. *Der Mond.* Auf manchen Karten des achtzehnten Jahrhunderts ist ein abnehmender Mond zu sehen; in der vulgarisierten Etteilla-Edition thront der Vollmond inmitten sämtlicher Sterne am Nachthimmel; seit neuestem wird der Mond beim Zunehmen auf dieser Karte dargestellt. In nahezu allen Repräsentationen scheint er leuchtend hell und läßt große Tropfen befruchtenden Taus zur Erde sinken. Darunter befinden sich zwei Türme, zwischen denen sich ein Pfad bis zum Horizont windet. Zwei Hunde, oder andernfalls ein Wolf und ein Hund, bellen den Mond an, und im Vordergrund ist eine Krabbe, die durch Wasser ans Land krabbelt.

19. *Die Sonne* wird auf älteren Karten durch Strahlen hervorgehoben, welche abwechselnd zackig und geradlinig sind. Es scheint, als würde sie ihren Einfluß auf Erden nicht nur durch Licht und Hitze verbreiten, sondern – wie der Mond – auch durch Tautropfen. Court de Gebelin nannte dies »goldene Tränen« und »Perlentränen« und identifizierte die Mondestropfen zudem als die »Tränen der Isis«. Unter der Sonne steht eine Mauer, eine Abgrenzung andeutend, wie etwa bei einem Garten, in dem zwei Kinder, entweder nackt oder leicht bekleidet, einem Gewässer entgegenblicken und umhertollen oder Hand-in-Hand laufen. Eliphas Lévi zufolge werden die Kinder auf manchen Karten von einem Weber ersetzt, der die Schicksalsfäden entrollt, und ansonsten von einem weitaus besseren Symbol – einem nackten Kind, das auf einem weißen Pferd reitet und eine scharlachrote Standarte schwenkt.

20. *Das Jüngste Gericht*. Dieses Symbol durchlief keine grundlegenden Variationen, noch nicht einmal bei den Etteila-Karten. Ein Engel bläst seine Trompete *per sepulchra regionum*, und die Toten entsteigen ihrer Gruft. Es spielt kaum eine Rolle, daß die Etteillakarten den Engel auslassen, oder daß Dr. Papus eine lächerliche Figur an seine Stelle setzt, die andererseits jedoch völlig mit der generellen Absicht seines Tarots übereinstimmt, welches das jüngste Werk von ihm begleitet. Bevor wir die offensichtliche Deutung des symbolhaften Titels und Bildes dieser Karte von der Hand weisen, müssen wir auf sicherem Boden stehen. Wenigstens oberflächlich betrachtet, kann es sich nur um die Auferstehung der Triade von Vater, Mutter und Kind handeln, welcher wir in der achten Karte bereits begegnet sind. M. Bourgeat wagt es, darauf hinzuweisen, daß das Symbol in der Esoterik eines der Evolution ist – wobei nirgends ein Anzeichen dafür erkennbar ist. Andere lesen eine »Erneuerung« hinein, was wohl offensichtlich der Fall sein dürfte; auch »Die Dreifaltigkeit des Menschlichen Lebens«, oder »die Regenerierende Kraft der Erde«... und »Ewiges Leben.« Court de Gebelin führt sich wie üblich unmöglich auf, indem er zu bedenken gibt, daß man nur die Grabsteine fortlassen müßte, um ein feines Symbol der Schöpfung zu erhalten.

21 – ist in den meisten Tarots dieNullkarte: ***Der Narr, Mate oder Unweise Mann.*** Court de Gebelin setzt die Karte an den Anfang des gesamten Tarots als jenes Nichts oder Negative, welches allen Zahlen vorausgesetzt wird, und da es sich um ein einfacheres Arrangement handelt, ist es auch ein besseres. Es wurde fallengelassen, weil die Karten in späteren Zeiten den Buchstaben des hebräischen Alphabets zugeordnet wurden, nur stieß man dabei offenbar auf die Schwierigkeit, das Nullsymbol in eine Buchstabenfolge einzugliedern, die allesamt nur Zahlen repräsentieren. Momentane Ausgaben besetzen die Karte mit dem Buchstaben *Shin*, was der Zahl 200 entspricht, also der Unvernunft ebenfalls kein Ende bereitet. In Wahrheit ist das ursprüngliche Arrangement der Karten vollkommen unbekannt. Der Narr trägt eine Brieftasche, blickt über die Schulter zurück und ahnt nicht, daß er am Rande eines Abgrunds steht; aber ein Hund oder anderes Tier – manche halten es für einen Tiger – attackiert ihn von hinten, und so wird der Nichtsahnende seinem Verderben entgegengetrieben. Etteilla weist eine gerechtfertigte Variante auf – jedenfalls im generellen Verständnis der Karte – und zeigt einen Hofnarren mit Kappe, Schellen und Flickenkleid. In anderen Beschreibungen heißt es, daß die Brieftasche die Laster und Dummheit des Besitzers enthält, was mir bourgeois und hergesucht vorkommt.

22. Die Welt, das Universum oder Zeit. Die vier lebenden Kreaturen der Apokalypse und Hesekiels Vision, im Symbolismus des Christentums den vier Evangelisten zugeteilt, sind um eine ovale Girlande gruppiert, die, gleich einer Blumenkette, alle fühlenden Geschöpfe repräsentieren könnte. Innerhalb der Girlande schwebt eine Frauenfigur, die um die Lenden von wehendem Schal bedeckt, doch ansonsten unbekleidet ist. Tanzend schwebt sie mit einem Stab in jeder Hand. Das Bild erzählt sehr ausdrucksvoll vom wirbelnden Gefühlsleben, von körperlichen Freuden, vom Rausch der Seele im irdischen Paradies, und dennoch allzeit überwacht von himmlischen Geschöpfen, als sei es von der Kraft und Gnade des Heiligen Namens, des Tetragrammaton: יהוה – jene vier unnennbaren Buchstaben, die an mancher Stelle den mystischen Tieren zugeordnet werden.

Eliphas Lévi ernennt die Girlande zur Krone und verkündet, daß die Frauengestalt die Wahrheit repräsentiert. Dr. Papus verbindet sie mit dem »Absoluten« und der »Verwirklichung des Großen Werks«. Für wieder andere ist dies ein Symbol für die Menschheit und den ewigen Lohn für ein gut geführtes irdisches Leben. Es fällt auf, daß sich in jedem Viertel der Girlande eine besonders markierte Blume befindet. P. Christian meint, daß die Girlande aus Rosen gewirkt sein sollte, und Eliphas Lévi zufolge haben wir es hier mit einer Kette zu tun, die weniger leicht zerrissen werden kann als eine aus Eisen. Im Widerspruch dazu, aber aus dem gleichen Grund, mag die eiserne Krone von Petrus leichter auf den Häuptern der herrschenden Päpste liegen als die Goldkronen auf den Köpfen von Königen.

3

DIE VIER REIHEN ODER KLEINEN ARKANA

Das Füllhorn der interpretativen Künste wurde auf die zweiundzwanzig Trumpfkarten mit ihrer unbestreitbaren Symbolik ausgegossen, wenn auch nicht endgültig dabei erschöpft. Es verbleiben die vier Reihen des Tarot, namentlich die Stäbe oder Zepter – *ex hypothesi* die historischen Vorfahren der Karos auf den modernen Spielkarten; die Kelche als Entsprechungen zu den Herzen; Schwerter, welche die Kreuzkarten vertreten; und schließlich die Pentakel – auch Deniers und Münzen genannt – welche die Prototypen der Pikkarten sein sollen. In alten und neuen Versionen tauchen jeweils zehn numerierte Karten auf, doch nur im Tarot werden jeder Reihe vier Hofkarten anstelle von dreien zugeteilt, und zwar ein Ritter zusätzlich zu den gewohnten Königen, Damen und Buben. Der Bube ist im Tarot ein Page, Valet oder eine *Damoiseau*, korrekter wäre es jedoch, ihn als Burschen im Dienste des Ritters zu betrachten, aber es gibt einige seltene Tarots, in denen der Page zur Hofdame gemacht wurde, wodurch die Geschlechter der Hofkarten paarweise kompatibel werden. Auch gibt es charakterliche Unterschiede zwischen den gleichgestellten Persönlichkeiten der Hofkarten, womit ich meine, daß der König der Stäbe nicht den Charakter des Königs der Kelche hat, und dies ganz abgesehen von den unterschiedlichen Emblemen auf den Karten. Der Symbolgehalt liegt in der Rangordnung und Kategorie der Karten. Das gleiche gilt für die Zahlenkarten, die bis heute noch nie anhand von Bildern besprochen wurden und deren spezielle Bedeutung aus der Zahl und der Kategorie zugleich hervorgeht. Details über die Kleinen Arkana halte ich deshalb zurück, bis ich zum zweiten Teil des berichtigten und vollständigen Tarots gelange. Eine harmonische Zusammenfassung aller gängigen Interpretationen der großen und kleineren Symbole wird im dritten Teil dieses Buches aufgeführt.

4

DAS TAROT UND SEINE GESCHICHTE

Zunächst müssen wir dafür sorgen, daß die Karten in die korrekte geschichtliche Perspektive gerückt werden, denn nur damit können die Spekulationen und Hirngespinste der diversen Schulen des Okkultismus ein für allemal hinweggefegt werden, wie eingangs angekündigt wurde.

An diesem Punkt möchte ich darauf hinweisen, daß manche Tarotkarten wirklich sehr alt sind, auch wenn diese uns hier nur teilweise einen Beweis für das Altertum des Tarot an sich liefern können. Das Buch »*The Tarot of the Bohemians*« von Dr. Papus, welches ich vor kurzem in revidierter Form durch die Presse geschleust habe, enthält einige hilfreiche Informationen über die Geschichte des Tarot und dürfte dem normalen Leser gute Dienste erweisen, falls dieser über die fehlenden Zeitangaben und den Mangel an sonstigen archäologischen Beweisen hinwegsieht. Aber ich will dieses Werk momentan nicht auf irgendeine Weise erläutern, obwohl ich sagen muß, daß einige Zusätze wünschenswert gewesen wären, ebenso wie eine distinguiertere Art der Präsentation.

Unter den antiken Tarotkarten fallen zuerst die von Baldini auf, welche dem berühmten Set angehören, das traditionell dem Italiener Andrea Mantegna zugeschrieben wurde, auch wenn diese Ansicht heute fast durchweg als unhaltbar bezeichnet wird. Die Karten stammen angeblich aus der Zeit um 1470, und es heißt, daß nicht mehr als vier Kollektionen in ganz Europa existieren. Eine Kopie oder Reproduktion von 1485 ist wahrscheinlich nicht minder rar. Ein kompletter Packen enthält 50 Karten, unterteilt in fünf Reihen von jeweils zehn Karten. Anscheinend existiert kein Hinweis darauf, daß sie jemals als Kartenspiel, Glücksspiel oder zum Zweck der Zukunftsdeutung benutzt worden sind; sie eignen sich nicht zum Wahrsagen oder irgendeiner Form der Prophetie, und es scheint absurd, diesen offensichtlich rein emblematischen Darstellungen einen tiefschürfenden Symbolgehalt zu unterstellen.

Die erste Sequenz versinnbildlicht die »Umstände des Lebens« wie folgt: (1) Der Bettler, (2) Der Knappe, (3) Der Handwerker, (4) Der Händler, (5) Der Nobelmann, (6) Der Ritter, (7) Der Doge, (8) Der König, (9) Der Kaiser, (10) Der Papst.

Die zweite Reihe enthält die Musen und ihren Göttlichen Anführer: (11) Kalliope, (12) Urania, (13) Terpsichore, (14) Erato, (15) Polyhymnia, (16) Thalia, (17) Melpomene, (18) Euterpe, (19) Clio, (20) Apollo.

Die dritte Reihe verbindet die Schönen Künste mit den Wissenschaften wie folgt: (21) Grammatik, (22) Logik, (23) Rhetorik, (24) Geometrie, (25) Arithmetik, (26) Musik, (27) Poesie, (28) Philosophie, (29) Astrologie, (30) Theologie.

Die vierte Sequenz vervollständigt die Wissenschaften und zählt die Tugenden auf: (31) Astronomie, (32) Chronologie, (33) Kosmologie, (34) Mäßigkeit, (35) Vorsicht, (36) Kraft, (37) Gerechtigkeit, (38) Barmherzigkeit, (39) Hoffnung, (40) Vertrauen.

Die fünfte und letzte Reihe präsentiert das Himmelssystem: (41) Mond, (42) Merkur, (43) Venus, (44) Sonne, (45) Mars, (46) Jupiter, (47) Saturn, (48) Achte Sphäre, (49) *Primum Mobile*, (50) Erste Ursache.

Wir dürfen der Versuchung nicht nachgeben, komplette Tarotreihen in diese Gruppierungen hineinzulesen; zum Beispiel müssen wir uns der Behauptung enthalten, daß die »Umstände des Lebens« den Trumpfkarten entsprechen, die Musen den Pentakeln, die Künste und Wissenschaften den Kelchen, die Tugenden etc. den Stäben und sonstiges den Schwertern. So etwas kann durch mentale Verrenkungen bewirkt werden, hat aber kein Standbein in der Realität. Gleichzeitig ist es wohl unvermeidlich, daß bestimmte Karten gewisse oder sogar auffallende Analogien zum Tarot aufweisen. Der König, Ritter und Knappe im Baldini-Set ähneln den entsprechenden Karten der Kleinen Arkana. Der Kaiser, Papst, Mäßigkeit, Kraft, Gerechtigkeit, Mond und Sonne sind im Mantegna-Set und den Trumpfkarten jedes Tarots enthalten. Mit Vorurteilen belastete Geister haben auch den Bettler mit dem Narren gekoppelt, die Venus mit dem Stern, Mars mit dem Wagen, Saturn mit dem Eremiten, selbst Jupiter oder andernfalls die »Erste Ursache« wurden mit der Tarotkarte »Die Welt«* verbandelt. Aber es fehlen die bedeutsamsten Merkmale der Trumpfkarten im Mantegna-Set, und ich glaube nicht, daß die Reihenfolge des letzteren die anderen Tarots beeinflußte, wie manchmal behauptet wird. Romain Merlin vertrat diese Ansicht und führte die Baldinikarten auf eine Zeit gegen Ende des vierzehnten Jahrhunderts zurück.

Wenn wir uns nun darauf einigen können, daß die Baldini-Symbole nur eine schattenhafte und sporadische Verbindung zu den Tarotkarten aufweisen und keinen ursprünglich motivierenden Einfluß ausgeübt haben, folgt unweigerlich, daß wir weiterhin auf der Suche sind –

* Der Bettler ist nahezu unbekleidet, und die Ähnlichkeit ergibt sich aus der Gegenwart von zwei Hunden, von denen einer mit den Beinen zu fliegen scheint. Die Marskarte stellt einen schwerttragenden Krieger in einer überdachten Karosse dar, an die jedoch keine Zugtiere gebunden sind. Wenn die Baldinikarten dem Ende des fünfzehnten Jahrhunderts angehören, ist die Frage natürlich schon gelöst, denn das Tarot war lange vor dieser Zeit schon in Europa bekannt.

nicht nur nach dem Ursprung der Symbole, sondern auch nach einem Datum des ersten Auftauchens der Karten in Europa. Nun ist bekannt, daß der Maler Charles Gringonneur im Jahre 1393 – welcher von einem englischen Schreiber aus mir unerfindlichen Gründen als Okkultist und Kabbalist bezeichnet wurde – eine Art Kartenspiel zum Amüsement des französischen Königs Charles VI entwarf, während dieser an geistiger Verwirrung litt, was die Frage aufwirft, ob wir diesen Karten etwas Gehaltvolles entnehmen können. Die einzig vorhandene Antwort liegt in Paris, in der *Bibliothèque du Roi*, wo siebzehn auf Papier gemalte Karten ausgestellt sind. Sie sind wunderschön, antik und unbezahlbar kostbar; die Figuren erscheinen vor einem Hintergrund aus Gold und sind mit silbernem Rahmenwerk umgeben, aber sie werden von keinen Inschriften oder Zahlen gekennzeichnet.

Trotzdem steht fest, daß sie einige Trumpfkarten enthalten, namentlich Der Narr, Der Kaiser, Der Papst, Die Liebenden, Rad des Schicksals, Mäßigkeit, Kraft, Gerechtigkeit, Der Mond, Die Sonne, Der Wagen, Der Eremit, Der Gehängte, Der Tod, Der Turm und Das Gericht. Außerdem existieren vier Tarotkarten im Musée Carrer in Venedig und fünf weitere anderswo, also insgesamt neun. Dazu gehören zwei Seiten mit Pagen, drei Könige und zwei Königinnen, die dem Kleinen Arkana entlehnt sein dürften. Alle diese Kollektionen wurden dem Set von Gringonneur zugesprochen, aber diese Identifikation wurde bereits im Jahre 1848 bestritten und wird heute offenbar nicht mehr vertreten, noch nicht einmal von Leuten, die sich ängstlich bemühen, Beweise für das Altertum des Tarot zu finden. Man vermutet, daß alle eine italienische Herkunft haben, denn manche Karten stammen mit Sicherheit aus Venedig. Und somit haben wir zum mindesten einen der möglichen Ausgangsorte be-stimmt.

Des weiteren wurden die venezianischen Tarots von glaubwürdiger Seite als die alte und wahre Form bezeichnet, die Elternform aller folgenden; aber ich vermute, daß vollständige Packen der Großen und Kleinen Arkana viel späteren Zeiten angehören. Das gesamte Spiel soll angeblich achtundsiebzig Karten enthalten haben.

Trotz dieser offenkundigen Vorliebe für das venezianische Tarot als Ausgangspunkt aller anderen wird zugegeben, daß einige Teile eines Mailänder- oder Florentiner-Tarots der Zeit zwischen 1413 und 1418 entstammen. Sie befanden sich einst im Besitz der Contessa Gonzaga von Mailand. Ein komplettes Mailänder-Tarot enthielt siebenundneunzig Karten, wird aber trotz dieser Überreste generell als eine spätere Entwicklung betrachtet. Das Set hatte einundvierzig Trumpfkarten, wobei die zusätzlichen dem Packen von Baldini entlehnt oder von seinen Zeichnungen inspiriert wurden. Die Ritter der Hofkarten sind monströse Gestalten in der Manier von Zentauren, während die Pagen mal als Krieger, mal als Bedienstete dargestellt werden. Ein weiterer auffallender Unterschied liegt in der Fülle von mittelalterlich-christlichen Merkmalen und der völligen Abwesenheit von orientalischen Einflüssen. Wobei die Frage natürlich offenbleibt, ob irgendein Tarot östliche Elemente aufweist.

Abschließend kommen wir zu dem Bologneser Tarot, manchmal auch das Venezianische geheißen, welches die vollständigen Trumpfkarten enthält, aber die Nummern 20 und 21 vertauscht. Im Kleinen Arkana werden die Zahlenkarten 2, 3, 4 und 5 ausgelassen, was in zweiundsechzig verbleibenden Karten resultiert. Die Reihe der Trumpfkarten mit »Das Gericht« zu beenden, scheint ein wenig seltsam und symbolisch bemerkenswert, aber das ist auch alles, was den Karten von Bologna nachgesagt werden kann, außer daß sie angeblich etwa Anfang des fünfzehnten Jahrhunderts von einem Prinzen von Pisa, in Bologna im Exil lebend, erfunden – oder beim Tarot korrekter ausgedrückt – abgewandelt wurden. Der Zweck, dem diese Karten dienten, geht einigermaßen klar aus der Tatsache hervor, daß der Heilige Bernhard von Siena 1423 öffentlich gegen das Kartenlegen und andere Formen des Glücksspiels predigte. Vierzig Jahre später wurde die Einfuhr der Karten nach England zur Zeit von König Edward IV verboten. Dabei entstand die erste offizielle Eintragung zu dem Thema in unserem Land.

Intakte Versionen der oben genannten Sets sind kaum noch zu finden, aber detaillierte und illustrierte Beschreibungen – wozu ich bemerken sollte, Beschreibungen, deren Verfasser kein Okkultist ist, denn aus dieser Quelle entweichen gewöhnlich nur fehlerhafte, vage und mit Vorurteilen belastete Aussagen, die das Wesentliche vernebeln. Ein Beispiel sind gewisse Ansichten, die an mancher Stelle über den Mantegna-Kodex geäußert wurden – falls ich die Kartenreihen mit einem Titel dieser Art ehren darf. In okkulten Tagträumen wurden Apollo und den Neun Musen eine Querverbindung zu den Pentakeln nachgewiesen, aber die Analogie verschwindet im Wachzustand des forschenden Geistes. Außerdem müssen Tagträume erst gewissen Nachtmahren gleichkommen, bevor wir die Astronomie, Chronologie und Kosmologie mit der Reihe der Kelche identifizieren können. Die Baldini-Figuren, welche diese Aussagen illustrieren, sind sinnbildlich für ihre Geschichtsperiode, nicht für Symbole, wie sie im echten Tarot vorkommen.

Zum Abschluß dieses Teils möchte ich noch sagen, daß die Trumpfkarten ursprünglich nicht mit den Zahlenkarten einhergingen. Ich möchte keine persönliche Ansicht darüber äußern; ich bin kein Experte in der Historie von Glücksspielen und hasse den *profanum vulgus* der Wahrsagerei; aber mit allen Vorbehalten wage ich darauf hinzuweisen, daß, falls spätere Forschung die Annahme rechtfertigt – und man von der guten alten Kunst der Weismacherei und ihren Eingriffen in das sogenannte Schicksal absieht – die Größeren Geheimnisse umso besser dastehen werden.

Soviel zu den einleitenden geschichtlichen Aspekten der Tarotkarten, und nun befasse ich mich mit den spekulativen Stimmen und den weitverbreiteten Werturteilen. In meinem Vorwort zu Papus' »*The Tarot of the Bohemians*« erwähnte ich, daß der Archäologe Court de Gebelin das Vorhandensein der Karten zum ersten Mal schriftlich bestätigt hat. Kurz vor der französischen Revolution publizierte er neun vierteljährliche Ausgaben einer Zeitschrift mit dem Titel »*Monde Primitif*«. Er galt als gelehrter Mann in seiner Epoche, war ein hochgradiger Freimaurer, ein Mitglied der historischen Loge der Philaleten und ein Virtuose mit tiefem, lebenslangem Interesse an der Debatte über die universelle Antike, bevor eine derartige Wissenschaft existierte. Selbst heute gehören seine Memoranden und Dissertationen, unter dem oben genannten Titel gesammelt, noch zu den besitzenswerten Dingen auf dieser Welt. Durch einen Zufall wurde er dann mit dem damals in Paris noch unbekannten Tarot konfrontiert und meinte sogleich, die Überreste eines alten ägyptischen Bildbandes darin zu erkennen. Er stellte Untersuchungen an und fand heraus, daß das Tarot in weiten Teilen Europas bekannt war, unter anderem in Spanien, Italien, Deutschland und Südfrankreich. Es wurde als Glückspiel benutzt, wie gewöhnliche Spielkarten, und so fand er des weiteren heraus, wie das Spiel gehandhabt wurde. Aber es diente zugleich auch dem höheren Zweck der Weissagung, und mit Hilfe eines darin bewanderten Freundes machte Gebelin sich die Bedeutung der Karten und die Methode ihrer Auslegung zu eigen. Mit anderen Worten: er leistete einen wichtigen Beitrag zu unserem Wissen und bleibt eine Referenzgrundlage – nur bleibt auch die Frage bestehen, ob der ägyptische Ursprung des Tarot eine Tatsache ist oder eine vielgeliebte Hypothese. Wie auch immer; ihm haben wir die vorherrschende Meinung aller okkulten Schulen zu verdanken und die Tatsache, daß der Ursprung der Karten immer mehr unterging in dem – und hier zitiere ich: »Mysterium und Wunder... der denkwürdigen Nacht der Götter, der unbekannten Zunge und den unentzifferbaren Hieroglyphen Ägyptens«... oder was die Europäer gegen Ende des achtzehnten Jahrhunderts für »Ägypten« hielten. Dergestalt schwärmte einer der typischen *Literati* Frankreichs, und man kann ihn fast verstehen, seine Gefühle beinahe nachvollziehen, denn das Land am Nildelta hatte gerade erst begonnen, die Gedankenwelt der Gelehrten zu beschäftigen, und *omne ignolum pro Aegypticato* war ein Motto von vielen. Dies ist für die damaligen Zeitläufe verzeihlich, aber daß der Irrsinn fortgesetzt wurde und noch heute in den verzückten Geheimzirkeln sogenannter okkulter »Wissenschaftler« von einem Ohr ins andere geflüstert wird, ist nicht mehr zu entschuldigen. Laßt uns deshalb die Beweise untersuchen, die M. Court de Gebelin vorbringt, um seine These zu untermauern. Um der Gerechtigkeit willen werde ich ihn so, weit es geht, wörtlich zitieren:

(1) Die Figuren und das Arrangement der Karten sind offensichtlich allegorisch; (2) Die Allegorien stimmen mit den sozialen, philosophischen und religiösen Lehren des alten Äyptens überein; (3) entsprängen die Karten der Moderne, so enthielten die Großen Arkana keine Hohepriesterin; (4) die fragliche Figur trägt die Hörner der Isis; (5) die Karte mit dem Titel »Der Kaiser« hält ein Zepter, das in einem Dreikreuz mündet; (6) die Karte »Der Mond«, welcher Isis ist, zeigt Regen- oder Tautropfen, die von dem Leuchtenden herabfallen, und sind – wie wir gesehen haben – die Tränen der Isis, welche die Wasser des Nils überschwellen ließen und die Felder Ägyptens befruchteten; (7) die siebente Karte, »Der Stern«, ist der Hundsstern Sirius, welcher Isis geweiht war und den Anfang des Jahres symbolisierte; (8) das beim Tarot vollzogene Spiel gründet sich auf die heilige Zahl sieben, welche in Ägypten von großer Wichtigkeit war; (9) das Wort »Tarot« ist altägyptisch, in welcher Sprache Tar=Weg und

Ro=König oder königlich bedeuten, also der »Königliche Lebensweg« ergeben; (10) alternativ setzt sich das Wort wie folgt zusammen: A=Doktrin, Rosh=Merkur=Toth, plus der Anfangsbuchstabe T ergeben *Tarosh*; und insofern ist das Tarot das *Buch von Thot*, oder die *Tafel der Doktrin des Merkur*.

Soweit der Autor, wozu erwähnt werden muß, daß ich mehrere Nebenbemerkungen ausgelassen haben, für die keinerlei Rechtfertigungen aufgeführt wurden. Dies also sind die zehn Pfeiler, auf denen das Bauwerk der altägyptischen These beruht, und diese Pfeiler sind aus Sand gebacken. Selbstverständlich ist das Tarot allegorisch – oder besser gesagt, symbolisch, aber Allegorie und Symbolik sind katholisch insofern, als sie allen Nationen, Ländern und Zeiten angehören; sie sind nicht mehr ägyptisch als mexikanisch; sie gehören Europa und Karthago, Tibet hinter den Himalayas und den Gossen von London an. Als Allegorien und Symbole entsprechen die Karten einer Vielzahl von Ideen und Dingen universeller Natur, und die Tatsache, daß sie die ägyptische Doktrin weder in religiöser, philosophischer, noch sozialer Hinsicht insbesondere oder ausdrücklich repräsentieren, verdeutlicht das Unvermögen von Court de Gebelin, über bloße Behauptungen hinauszugehen.

Das Vorhandensein einer Hohepriesterin unter den Trumpfkarten läßt sich viel leichter durch eine populäre Form des Aberglaubens erklären, zum Beispiel mit dem Dianakult, der sich hartnäckig im modernen Italien fortpflanzt und dessen Auswüchse sehr exakt von Mr. Leland zum Ursprung zurückverfolgt wurden. Auch das universelle Auftauchen von Hörnern in jeder Kultur, selbst in der tibetanischen, darf hier nicht einfach übersehen werden.

Das Dreikreuz als ein Merkmal für den ägyptischen Symbolismus zu bezeichnen, ist absurd. Es ist das Kreuz des patriarchischen Bischofssitzes, sowohl im Griechischen als im Lateinischen – zum Beispiel in Venedig und Jerusalem – und wird bis heute als Siegelzeichen von den Priestern und der Anhängerschaft der orthodoxen Kirche benutzt.

Die lahme Anspielung auf die Tränen der Isis übergehe ich, weil andere Okkultisten uns bereits verraten haben, daß es sich um hebräische *Jods* handelt. Was die siebzehnte Karte betrifft, mag sie Sirius darstellen oder jeden anderen Stern unserer Wahl. Die Zahl sieben war sicher eine wichtige in Ägypten, denn jedes Traktat über Zahlenmystik verdeutlicht, daß allenthalben dasselbe gilt, selbst wenn wir von den sieben Sakramenten des Christentums und den Offenbarungen des Göttlichen Geistes absehen.

Was den Ursprung des Wortes Tarot angeht, kann uns abschließend genügen, daß Gebelins Aussagen aus der Zeit vor der Entdeckung des Rosettasteins stammen, wo die ägyptische Sprache noch ganz unbekannt war.

Aber die These des Court de Gebelin sollte nicht ungestört im zeitgenössischen Geiste ruhenbleiben; sie wurde den Gelehrten durch eine vierteljährliche Zeitschrift ans Herz gelegt, und allein hierdurch feierten die Tarotkarten ihren Einzug in Paris als den Mittelpunkt Frankreichs und aller französischen Dinge im Universum. Die Suggestion, daß hinter dem Kartenlesen das unerwartete Gütesiegel einer uralten Geheimwissenschaft stehen könnte und die Wurzel des ganzen *sujets* im Mysterium des alten Ägyptens liegt, verlieh dem Thema eine nahezu göttliche Würde. Aus den Hinterstuben okkulter Praktikanten trat das Kartenlesen als Modeerscheinung hervor und legte für den Augenblick fast päpstliche Gewänder an. Der erste, der die Rolle des *bateleur*, Magiers und Jongleurs übernahm, war ein ungelernter Fanatiker und Abenteurer namens Alliette; die zweite Figur, als eine Art Hohepriesterin voller Intuitionen und Offenbarungen, war Mlle. Lenormand – aber sie kam erst später. Und zuletzt kam Julia Orsini, die man sich als eine Königin der Kelche in den Fetzen der Hellseherei vorstellen kann. Ich kümmere mich nicht um diese Leute in ihrer Eigenschaft als Wahrsager, weil das Schicksal selbst die Karten mischte und bei seinem Revolutionsspiel an den Höfen von Louis XVIII, Charles IX und Louis Philippe einen Satz an alle Hofleute verteilte. Aber Alliette, dieser *perruquier*, transmutierte seinen Namen in den okkulten, weil rückwärts gelesenen von Etteilla und posierte als höchst eingeweihter Priester der verborgenen Wissenschaften, statt sich als gewöhnlicher Kartenleser auszuweisen. Und selbst heute gibt es noch Leute wie Dr. Papus, die versuchen, Teile seines bizarren Systems vor dem Untergang zu bewahren.

Die lange und mannigfaltige Geschichte der Zeitschrift »*Le Monde Primitif* « ging 1782 zu Ende, aber im Jahre 1783 flossen die Traktate von Etteilla schon munter von der Presse, um zu verkünden, daß der Verfasser bereits dreißig, nein, nahezu vierzig Jahre dem Studium der ägyptischen Magie gewidmet und die endgültigen Schlüssel zum Tarot entdeckt habe. Diese waren in der Tat in einem philosophischen Buch mit dem Titel »*The Book of Thot* « enthalten, das jedoch in Wirklichkeit von siebzehn Magiern im Feuertempel nahe der Grenze von Levant und etwa drei Wegstunden von Memphis entfernt geschrieben wurde. Es behandelt das Universelle Wissen, aber der Kartenleger Etteilla verknüpfte das alte Wissen mit Astronomie, Alchemie und Prophetie, ohne die geringsten Skrupel über die Tatsache, daß er ein Geschäft damit betrieb. Ich hege kaum Zweifel, daß er es als echtes Métier verstand und sich selbst als erster von seinem System überzeugt hatte. Der springende Punkt ist jedoch, daß das Altertum der Tarotkarten auf diese Weise in alle Himmelsrichtungen posaunt wurde. Die schmalen Büchlein von Etteilla beweisen, daß er die eigene Sprache nicht akkurat beherrschte, und als er im Laufe der Zeit ein neues, abgewandeltes Tarot herausbrachte, mußten auch liebend geneigte Leser zugeben, daß er den Symbolismus verdorben hatte. Was das Altertum betrifft, so konnte er sich lediglich auf Court de Gebelin als Autorität stützen.

Die Kartendeuter folgten einander in der vorher beschriebenen Weise, und selbstverständlich gab es Rivalitäten unter den Adepten dieser weniger als geringen Mysterien. Aber die Scholastik des Themas – falls man sie als solche bezeichen kann – ruhte mit dem Quartalsblatt von Gebelin für etwas mehr als sechzig Jahre. Dank dieser Autorität akzeptierte jedermann ohne weitere Zweifel den ägyptischen Ursprung des Tarot. Es heißt, daß Menschen gewöhnlich für genau das gehalten werden, was sie selbst von sich halten, und da man hier dem Weg des geringsten Widerstands folgen kann, hält der Geist der Masse archäologische Einbildungen für den eigenen Wagemut, Gelehrtentum für eigenes Wissen. Der erste prätentiös titulierte Mensch, der Bedenken äußerte und Anspruch auf eine Anhörung erheben konnte, war der französische Schriftsteller Duchesne, aber ich will ihm nicht mehr als eine Erwähnung zukommen lassen, ebenso einem gewissen Mr. Singer aus England, der einige recht interessante Recherchen über das generelle Thema von Spielkarten publiziert hat. Letzterer glaubte, daß das alte venezianische Trappolaspiel die früheste Form des Kartenspiels in Europa war, daß es aus Arabien stammte und zweiundfünfzig Karten enthielt. Ich halte es für unwahrscheinlich, daß dieser Ansicht jemals irgendeine Wichtigkeit beigemessen wurde.

Duchesne und Singer wurden von einem weiteren Engländer abgelöst: W. A. Chatto, der die vorhandenen Fakten und die Wolke der Spekulationen darüber etwas genauer untersuchte. Dies geschah 1848, und seine Arbeit erfreut sich weiterhin einer Art genereller Autorität, aber selbst wenn wir dem freien Denken eine gewisse Selbstgerechtigkeit durchgehen lassen, bleibt dies ein unbedeutendes, ja sogar armseliges Machwerk. Trotzdem war es auf seine eigene Art charakteristisch für die bevorstehende Mitternacht des neunzehnten Jahrhunderts. Chatto lehnte die ägyptische Hypothese ab, aber da er sich dabei nur geringen Anstrengungen unterzog, kann man kaum sagen, daß er Court de Gebelin vom Thron stürzte, falls dieser jemals festen Grund unter den Füßen gehabt hat. Im Jahre 1854 warf der französische Schriftsteller Boiteau die generelle Frage erneut auf und bescheinigte den Tarotkarten einen orientalischen Ursprung, ohne seine These jedoch in irgendeiner Form zu beweisen. Ich bin nicht sicher, glaube aber, daß er der erste Schriftsteller war, der die Karten definitiv auf die Zigeuner zurückführte; für ihn war das Heimatland der Zigeuner jedoch Indien; Ägypten spielte keine Rolle bei seinen Kalkulationen.

1860 stieg der Stern von Eliphas Lévi auf – ein brillanter und tiefschürfender *Illuminé*, den man unmöglich beim Wort nehmen und noch unmöglicher suspendieren kann. Unter allen abendländischen Stimmen, von denen die sogenannte Wissenschaft des Okkulten und die sogenannte Doktrin der Magie verkündet wurde, gibt es keine größere und wundersamere. Ich nehme an, daß er grundsätzlich ebensoviel oder so wenig wie ich von dem phänomenalen Teil hielt, aber er erklärte die Phänomene mit der Selbstsicherheit eines Mannes, der Scharlatanerie in aller Öffentlichkeit als ein hervorragendes Mittel zum Zweck bezeichnet, sofern diese mit der rechten Absicht angewendet wird. Er erlangte seine Stellung als bedeutender Gelehrter ebenfalls aufgrund seiner eigenen Vorstellung – denn er war nie wirklich gelehrt – und wurde zum Offenbarer sämtlicher Mysterien, ohne jemals in irgendeines davon eingeweiht worden zu sein. Ich habe noch keinen Schriftsteller getroffen, der größere Talente mitbringt und diese dann auf so viele nichtsnutzige Dinge verschwendet. Am Ende war er wohl nur die zweite Fleischwerdung von Etteilla, begabt in dieser transmutierten Form mit einem goldenen Munde und noch glänzenderem Oberflächenwissen. Davon abgesehen hat er die kompletteste, brillanteste und hinreißendste »*Geschichte der*

Magie« geschrieben, die je in irgendeiner Sprache abgefaßt wurde. Das Tarot und die Hypothese von de Gebelin faszinierte ihn über alle Maßen, und das gesamte okkulte Frankreich, das esoterische England, die Martinisten, halbgelehrten Kabbalisten, Schulen der sogenannten Theosophie – hier, dort und überall – haben sein Urteil darüber mit der gleichen Vertrauensseligkeit übernommen, mit der schon seine Interpretationen der großen Klassiker des Kabbalismus begrüßt wurden, obwohl Lévi diese vielmehr überflogen als gelesen hatte.

Für ihn war das Tarot nicht nur die perfekteste aller Methoden der Zukunftsdeutung und der Schlüssel zu den okkulten Wissenschaften, es war zudem auch das ursprüngliche und einzige Buch der alten Magier, das mirakulöse Werk, das alle heiligen Schriften des Altertums inspirierte. In seinem ersten Band begnügte Lévi sich noch mit der Aussage von Court de Gebelin und der Reproduktion der siebten Trumpfkarte mit einigen ägyptischen Motiven. Die Frage der Einführung des Tarot durch die Zigeuner beschäftigte ihn nicht, bis J. A. Vaillant, ein bizarrer Kopf mit weitreichenden Kenntnissen über das romanische Volk, in einem Buch darauf hinwies. Die beiden Autoren waren fast gleichgestimmt und reflektierten sich fortan gegenseitig.

Es blieb Romain Merlin überlassen, im Jahre 1869 auf das Offensichtliche hinzuweisen, nämlich, daß Karten verschiedener Art auch vor dem Auftauchen der Zigeuner um 1417 in Europa bekannt waren. Aber da es sich hierbei um ihr Auftauchen in Lüneburg handelte und die Gegenwart von Zigeunern schon früher nachgewiesen werden kann, verliert auch diese Korrektur einen Großteil ihrer Überzeugungskraft. Insofern ist es sicherer, wenn wir davon ausgehen, daß das Tarot erst nach 1840 bei den wandernden Völkerstämmen beobachtet wurde. Die Tatsache, daß manche Zigeuner vor dieser Zeit mit den Karten gesehen wurden, läßt sich ohne weiteres mit der Vermutung erklären, daß sie diese nicht nach Europa getragen, sondern dort bereits vorgefunden hatten und ihre Geschäfte durch das Kartenlesen erweiterten.

Damit haben wir hinlänglich erklärt, daß nicht der geringste Beweis für den ägyptischen Ursprung des Tarot existiert. Und wenn wir den Blick nun in eine andere Richtung lenken, stoßen wir auf die Meinung einer chinesischen Autorität, derzufolge die ersten kartenähnlichen Bildtafeln um das Jahr 1120 in China hergestellt wurden. Court de Gebelin glaubte in seinem Eifer, daß er diese ursprünglichen Karten auf eine chinesische Inschrift von vermutlich beträchtlichem Alter zurückgeführt habe, in der von abschwellenden Gewässern, womöglich nach der Sintflut, erzählt wurde. Die Zeichen dieser Inschrift erscheinen in siebenundsiebzig Rechtecken, und allein daraus ergibt sich die Analogie zu den Karten.

Auch Indien hatte seine Bildtafeln, in Karten- oder sonstiger Form, und aus diesen lassen sich ähnlich geringfügige Verbindungen zum Tarot ableiten. Aber die Existenz von beispielsweise zehn Packen oder Stilrichtungen mit jeweils zwölf Abbildungen der Verkörperungen des Gottes Vishnu als Fisch, Schildkröte, Borstenschwein, Löwe, Affe, Beil, Schirm oder Bogen, Ziege und als Pferd führen uns letztlich ebensowenig zum Ursprung unserer eigenen Trumpfkarten, wie Kronen und Harfen, oder selbst Abbildungen vermutlicher Münzen als Äquivalent zu den Pentakeln, uns das Datum der Kleinen Arkana offenbaren. Wenn jede Geschichtsperiode und Kultur eigene Bildtafeln hervorgebracht und mit ihrer Hilfe philosophiert, prophezeit und Glücksspiele betrieben hat, wäre dies allein schon interessant genug, aber wenn es sich dabei nicht um Tarotkarten handelte, illustriert dies höchstens die universelle Tendenz des Menschen, sich auf mehr oder minder gleiche Weise mit denselben Dingen zu beschäftigen.

Deshalb ende ich mit der Wiederholung, daß das Tarot vor dem vierzehnten Jahrundert, wo die ersten Gerüchte über die Karten verbreitet wurden, keine nachweisliche Geschichte hat. Es mag Jahrhunderte zuvor existiert haben, aber diese Zeitangabe sollte genügen, solange es den Leuten nur darum geht, ein Glücksspiel zu betreiben oder ihr Glück mit der Wahrsagerei zu versuchen. Und wenn die Karten profunde Aussagen über die Geheime Doktrin enthalten, ist das vierzehnte Jahrhundert immer noch alt genug, um ihrem Symbolismus so viel Wissenswertes wie nur möglich zu entnehmen.

TEIL II

DIE DOKTRIN HINTER DEM SCHLEIER

1

DAS TAROT UND DIE GEHEIME TRADITION

Die Symbole des Tarot repräsentieren universelle Ideen, hinter denen alles im menschlichen Geist Implizierte liegt, und in diesem Sinne enthalten die Karten die Geheime Doktrin, die von einigen als innewohnende Urwahrheit im Bewußtsein aller erkannt wird, auch wenn gewöhnliche Menschen diese tiefere Wahrheit nicht ausdrücklich wahrnehmen. Die Theorie ist, daß die Geheime Doktrin schon immer existiert hat – was heißt, daß sie von jeher im Bewußtsein einer erlesenen Minderheit fortlebte; daß sie insgeheim von einem auf den anderen übertragen und in geheimen Schriften niedergelegt wurde, wie in den Werken der Alchemie und des Kabbalismus; daß sie sogar in den Mysterien der Rosenkreuzer, um ein Beispiel aus unserer jüngsten Vergangenheit anzuführen, enthalten ist, ebenso wie als lebende Gesamtheit oder generelles Andenken bei den Freimaurern, die imstande sind, die wahre Bedeutung der Geheimen Doktrin zu erfassen. Auch heißt es, daß hinter der Geheimen Doktrin eine Erfahrung oder Praxis steht, von der die Aussagen der Doktrin vollauf gerechtfertigt werden. Selbstverständlich kann ich in einem Handbuch wie diesem nicht viel mehr tun, als die Behauptungen wiederholen, die ich in mehreren anderen Schriften bereits ausführlich diskutiert habe.

Was die Ansprüche des Tarot betrifft, darf nicht vergessen werden, daß Teile der Geheimen Doktrin mit großer Wahrscheinlichkeit schon bei den Emblemen der Alchemie auftauchen, so daß das »*Buch von Toth*« keineswegs einzigartig in diesem Sinne dasteht. Es gibt zwei verschiedene Zweige der Alchemie, wie ich an anderer Stelle bereits ausführlich erklärt habe, aber die eben genannten Embleme tauchen in beiden Schulen auf. Ihr materieller Aspekt wird von dem rätselhaften Symbolismus des *Mutus Liber* ausgedrückt, welcher in großen Alben von Magentus gedruckt wurde. Darin wird der Vorgang der »Großen Transmutation« auf vierzehn Kupferstichen dargestellt, um die unterschiedlichen Stadien in den verschiedenen chemischen Gefäßen zu verdeutlichen. Über den Gefäßen befinden sich mythologische, planetarische, lunare und solare Symbole, als würden die Kräfte und Tugenden, die der hermetischen Lehre zufolge über die Weiterentwicklung des Mineralreichs wachen, auch aktiv unterstützen, woran die beiden Alchemisten unten im Bild arbeiten. Die beiden sind übrigens denkwürdigerweise männlich und weiblich.

Der spirituelle Aspekt der Alchemie wird in den noch merkwürdigeren Emblemen des »*Book of Lambspring*« dargestellt, und hierüber habe ich bereits eine einleitende Interpretation verfaßt, die der Leser zu Rate ziehen kann.* Das »*Buch von Lambspring*« behandelt das Mysterium des mystischen oder urnatürlichen Elixiers, also die Hochzeit von Geist und Seele im Körper des eingeweihten Philosophen und die Umwandlung des Körpers als eine Folge dieser Vermählung. Die Anweisungen in diesem kleinen Werk sind die sonderbarsten, die mir je untergekommen sind. Erwähnenswert ist, daß beide Traktate ungleich viel später erschienen sind als die Tarotkarten in Europa, selbst wenn wir letzteren ein sehr spätes Erscheinungsdatum zugestehen. Die Traktate gehören jeweils dem siebzehnten und sechzehnten Jahrhundert an.

Da ich hier nicht die Imagination bemühen darf, um

* Siehe »*Occult Review*«, Vol. VIII, 1908

die vorhandenen Fakten und Erfahrungsgrundlagen in irgendeiner Weise auszuschmücken, behaupte ich nicht, daß das Tarot die Geheime Doktrin früher als alle folgenden Systeme in Bildern ausdrückte und daß die Hermetischen Schriftgelehrten später kamen. Aber es ist denkbar, daß es sich beim Tarot um das früheste Beispiel für diese Kunstform handelt. Auch ist es die katholischste von allen, denn es übernimmt nichts von irgendeiner anderen Schule der Literatur oder des Okkultismus; es ist weder eine abgeleitete Form der Alchemie, noch des Kabbalismus, noch der Astrologie oder Zeremoniellen Magie, sondern, wie gesagt, eine bildliche Präsentation universeller Ideen anhand von universellen Symbolen, und wenn es die Geheime Doktrin auf irgendeine Weise repräsentiert, dann in der Kombination dieser symbolischen Inhalte.

Diese Kombination mag *ex hypothesi* in der numerischen Sequenz der Karten liegen oder in einer einleuchtenden Anordnung bereits gezogener Karten. Zwei Autoren vertraten die erste Ansicht unter Ausschluß der zweiten Möglichkeit, und es ist wohl am besten, wenn ich ihre Ansichten sogleich hinwegfege.

Mr. McGregor Mathers, welcher dereinst ein Pamphlet über das Tarot herausgab, in dem hauptsächlich seine Orakelbedeutung zur Sprache kam, behauptet, daß die zweiundzwanzig Trumpfkarten einen »zusammenhängenden Satz« ergeben, wie er es nannte, wenn sie in ihrer numerischen Reihenfolge ausgelegt werden. Dies als seine Überschrift zu einer Moraltheorie über den menschlichen Willen, die Erleuchtung dieses Willens durch Wissenschaft, wie sie vom Magier repräsentiert wird, die Manifestation dieses Willens durch Aktivität – eine Bedeutung, die er der Hohepriesterin zuschreibt - und seine Verwirklichung (Die Herrscherin) durch gute Taten und jenes Erbarmen, das Mathers dem Herrscher unterstellt. Des weiteren ließ er sich in gewohnt konventioneller Manier über Vorsicht, Kraft, Opferbereitschaft und höchste Seligkeit aus. Aber wenn dies die alleingültigen Botschaften der Karten wären, wäre es sinnlos und geradezu unentschuldbar, sie in der heutigen Zeit zu publizieren, ganz zu schweigen von irgendwelchen Bemühungen, sie ausführlicher zu erklären.

In seinem »*Tarot of the Bohemians*«, ein mit Eifer und Enthusiasmus geschriebenes Werk, das innerhalb seiner speziellen Grenzen nicht vor Nachforschung und Überlegung zurückschreckt – aber leider dennoch keine echten Einsichten enthält –, hat Dr. Papus ein einmalig elaborates Trumpfkartensystem auf die Beine gestellt. Es hängt sich an der numerischen Reihenfolge auf, wie die von Mr. Mathers, aber verknüpft die Karten dann mit der Göttlichen Welt im Sinne von Makrokosmos und Mikrokosmos. Auf diese Weise erhalten wir eine spirituelle Geschichte der Menschwerdung oder eine der Seele, wie sie dem Ewigen entspringt und in die Dunkelheit des materiellen Körpers eintaucht, um erneut zu den Höhen aufzusteigen. Ich meine, daß der Autor sich hier in meßbarer Entfernung vom richtigen Weg befindet und daß seine Ansichten in diesem Ausmaß informativ sind, nur verwechselt seine Methode in mancher Hinsicht die Modalitäten und Ebenen des Seins.

Die Trumpfkarten sind auch mit Hilfe der zweiten von mir beschriebenen Methode gedeutet worden, wie in Grand Orients »*Manual of Cartomacy*«, wo er allerdings unter dem Deckmantel einer transzendentalen Deutungsmethode nur das Resultat besonders einleuchtender Kartenkombinationen illustriert. Die Anwendung von Methoden bei der Kartendeutung, zu welchem Zweck und aus welchen Beweggründen auch immer, ruft zweierlei Bedenken wach. Manche gehen davon aus, daß eine tiefere Bedeutung hineingelesen werden muß, weil sie nicht ohnehin schon vorhanden sein kann, aber dieser Einwand wird von der Tatsache entkräftet, daß bestimmte Karten, wie der Magier, die Hohepriesterin, das Rad des Schicksals, der Gehängte, der Turm und andere sich niemals mit den »Umständen des Lebens«, den Künsten, Wissenschaften, Tugenden und sonstigen emblematischen Figuren des Sets von Baldini vertragen. Auch demonstrieren erstgenannte Tarotkarten eindeutig, daß ihre Rangordnung nicht mit den offen zutage liegenden Moralvorstellungen übereinstimmt. Solche Karten beweisen andere Zusammenhänge, und, obwohl ich die Geschichte des Tarot ungleich viel komplexer als andere Autoren gemacht habe, ist es nun auch umso leichter, die wahren Belange, um die es uns hier gehen muß, zu ergründen.

Des weiteren demonstrieren die Deutungsmethoden, daß wenigstens die Trumpfkarten nicht eigentlich der Wahrsagerei dienen, sondern lediglich zu diesem Zweck benutzt wurden. Die gewöhnlichen Bedeutungen, wie ich sie im dritten Teil aufführe, sind größtenteils nebensächliche oder das Produkt einer sekundären und unausgereiften Eingebung; oder, im günstigsten Fall, eine niedere Ebene, auf der das Tarot Sinn ergibt, doch nicht den ursprünglich beabsichtigten Sinn. Wäre das Tarot in seiner Wurzel eine Methode der Prophetie gewesen, so müßten wir an sehr seltsamen Orten nach den Beweggründen der Urheber suchen, etwa bei den Hexenkulten und dem Schwarzen Sabbath, und nicht bei irgendwelchen Meistern der Geheimen Doktrin.

Die Hypothese, daß das Große Arkana nicht ursprünglich zu dem Kleinen gehörte, wird von der Tatsache untermauert, daß zwei sehr unterschiedliche Güteklassen von Karten vereint worden sind und noch kein okkulter oder sonstiger Experte versucht hat, den Kleinen Karten irgendeinen anderen Zweck als den der Wahrsagerei anzudienen. Es ist denkbar, daß die Vereinigung der beiden zuerst im Bologneser-Tarot des vorher erwähnten Prinzen von Pisa stattfand. Es heißt, daß dem Prinzen hierdurch öffentliche Anerkennung und Lohn von seiten seiner Adoptivstadt zuteil wurde, was selbst in jenen phantastischen Zeiten kaum möglich scheint, denn dieses Tarot ließ nur einige der Kleinen Karten aus und war ansonsten nichts Ungeheuerliches; aber da wir hier nach den Tatsachen fahnden, können wir uns vielleicht vorstellen, daß die Kombination von Kleinen Arkana und Spielkarten mit den philosophischen Trumpfkarten eine Sensation ausgelöst haben mochte, denn jetzt konnten beide Sets als Glücksspiel dienen. Danach kann man sich weiterhin vorstellen, daß diese kombinierten Packen in ein neuerliches Glücksspiel verwandelt wurden, welches gewöhnlich unter dem Namen »Wahrsagerei« auftritt. An diesem Punkt möchte ich klarstellen, daß ich die Möglichkeit des Wahrsagens keineswegs leugne, aber als Mystiker lehne ich die Absichten ab, welche die Leute auf diesen Weg bringen, als hätten sie irgend etwas mit der Mystischen Suche gemein.

Die Tarotkarten, die mit diesem kleinen Buch herausgegeben werden, also mit dem »*Bilderschlüssel zum Tarot*«, sind von Miss Pamela Colman Smith gemalt worden und meines Erachtens besonders einleuchtend und schön, sowohl in ihrer Gestaltung als in ihrer Ausführung. In der vorliegenden erweiterten Ausgabe des »*Schlüssels*« dienen sie als Referenzgrundlage für den Text. In vieler Hinsicht unterscheiden sie sich von den konventionellen Karten der Vergangenheit und den miserablen Produkten der Kolportage, die uns heutzutage aus Italien erreichen, und nun liegt es an mir, diese durchaus bedeutsamen Unterschiede und ihre symbolische Grundlage zu rechtfertigen.

Daß ich in der heutigen Zeit ein von einer Künstlerin entworfenes Tarot präsentiere, verlangt wahrscheinlich keine Entschuldigung, auch nicht bei Leuten – falls solche noch unter uns weilen –, die sich für »sehr okkult« halten und von anderen ebenfalls in diesem Sinne beschrieben werden. Wer sich den wundervollen Tarot-Pagen oder Buben auf einer der Buntdrucktafeln von Chattos »*Fakten und Spekulationen über die Geschichte von Spielkarten*«

anschaut, weiß, daß die Italiener dereinst hervorragende Kartenspiele produziert haben. Ich konnte nur von der Möglichkeit träumen, unsere berichtigten und vollständigen Karten im gleichen Stil und der gleichen Größe herauszubringen; dies hätte den Originalbildern eher Genüge getan, aber das Ergebnis hätte sich als unpraktikabel bei der Handhabung der Karten und anderen Belangen erwiesen, für die man Zugeständnisse machen muß, ungeachtet der eigenen Ansichten.

Für die Variationen im Symbolismus der Kartengestaltung bin ich allein verantwortlich. Die Großen Arkana werden unzweifelhaft auf Kritik unter den Studenten stoßen, sei es mit oder ohne berechtigte Grundlage. Darum möchte ich mit aller gebührenden Höflichkeit und Hochachtung für die Gemeinde der Forscher bekanntgeben, daß ich mich in keiner Weise um irgendeine Ansicht schere, die von irgendeiner Seite zum Ausdruck gebracht werden mag. Es gibt eine Geheime Tradition im Hinblick auf das Tarot, ebenso wie es eine Geheime Doktrin gibt, die darin enthalten ist; Teile davon habe ich befolgt, ohne gewisse Grenzen zu überscheiten, die in diesen Dingen geboten sind, und ohne gegen den Ehrenkodex zu verstoßen. Diese Tradition hat zwei Teile, und da einer davon schriftlich veräußert wurde, scheint es, als könnte sie jeden Moment verraten werden, was jedoch nicht der Fall ist, weil der zweite Teil, wie ich bereits erwähnt habe, momentan noch nicht bekanntgegeben wurde und in der Tat nur einigen Wenigen bekannt ist. Wer mit dubiosen Kopien handelt und gestohlenes Wissen unter die Leute bringt, soll diesen Punkt bitte zur Kenntnis nehmen.

Des weiteren bitte ich darum, nicht mit zwei oder drei Schriftstellern der heutigen Zeit gleichgesetzt zu werden, die es für notwendig hielten, ihre Leser darauf aufmerksam zu machen, daß sie weitaus mehr verraten könnten, wenn sie nur wollten, denn ich spreche ihre Sprache nicht. Auch unterscheide ich mich von jedem, der jetzt oder später verkünden mag, daß er oder sie die Gesamtheit preisgeben wird, denn solche Menschen haben nur die Zufallsprodukte, nicht aber die notwendigen Substanzen für derartige Offenbarungen. Wenn ich dem Rat von Robert Burns gefolgt bin, indem ich etwas für mich behalten habe, »das ich kaum jemandem sagen kann«, so habe ich doch genau so viel gesagt, wie ich kann. Es ist in gewisser Hinsicht die Wahrheit und damit so viel, wie man in den äußeren Zirkeln erwarten oder verlangen darf, denn dort sind die Qualifikationen der außerordentlichen Investigation nicht erforderlich.

Die Kleinen Arkana werden hier zum ersten Mal in der heutigen Zeit nicht nur beschrieben, sondern der Reihe nach bildlich aufgeführt. Die Interpretationen zu diesen Karten stammen aus vielen unterschiedlichen Quellen. Aber zurück zu den Trumpfkarten; auf diese folgt ein weiterer Abschnitt, in dem ihre Symbole und Gestaltung mit Respekt für die höheren Bedeutungsebenen erläutert werden. Dann, im dritten Teil dieses Buches, werden die interpretativen und spekulativen Orakel der kompletten achtundsiebzig Tarotkarten und insbesondere die der Kleinen Arkana aufgeführt. Und zum Schluß folgen einige Legetechniken für daran Interessierte, die ebenfalls in dem eingangs erklärten Sinne verstanden werden sollten.

Der gesamte nachfolgende Text muß im Zusammenhang mit den Trumpfkarten und ihrer im ersten Teil beschriebenen Bedeutung aufgefaßt werden. Dabei sieht man zum Beispiel, daß die Nullkarte, »Der Narr«, hier den Platz der einundzwanzigsten Karte einnimmt, wie auch bei vielen anderen Tarots. Nun ist das, oberflächlich betrachtet, absurd, was nicht viel heißen soll, nur wird der Symbolismus ebenfalls davon verfälscht. Und unser Unbehagen läßt nicht nach, wenn wir der Nullkarte stattdessen den zweiundzwanzigsten Platz in der Reihenfolge zuweisen. Etteilla erkannte die Schwierigkeiten in beiden Fällen, machte das Übel aber nur noch schlimmer, indem er den

Narren auf den letzten Platz des gesamten Tarots setzte, welcher normalerweise dem As der Pentakel gehört. Diese Neuordnung wurde vor kurzem von Dr. Papus in seinem »*Le Tarot Divinatoire*« aufgegriffen, wo die Verwirrung jedoch keine Konsequenzen zeitigt, da die Ergebnisse purer Wahrsagerei ohnehin von glücklichen Kartenpositionen abhängen und nicht von ihrem essentiellen Platz in der generellen Kartenfolge. Ich habe ein Tarot gesehen, bei dem das Nullsymbol auf einem wiederum anderen Platz steht, der zweifellos in mancher Hinsicht stimmig ist, aber auf den höchsten Ebenen versagt, und für unsere momentanen Belange ist eine weitere Ausführung zu dem Thema nicht notwendig.

2

DIE TRUMPFKARTEN UND IHRE INNERE SYMBOLIK

I
DER MAGIER

Eine jugendliche Gestalt im Gewand des Magiers, mit der Erscheinung des göttlichen Apollo, einem gelassenen Lächeln und leuchtenden Augen. Über seinem Haupt schwebt das mysteriöse Symbol des Heiligen Geistes, das Zeichen des Lebens, wie eine endlose Schnur in Form einer waagerecht liegenden 8 : ∞. Um seine Taille windet sich eine Schlange, die offenbar den eigenen Schwanz verschluckt. Dies ist ein weithin bekanntes, konventionelles Symbol für die Ewigkeit, aber hier bedeutet es mehr noch die Ewigkeit des vom Geiste Erlangten. In der rechten

Hand hält der Zauberer einen Stab, mit dem er zum Himmel weist, während seine linke Hand auf die Erde deutet. Diese zwiefältige Geste ist den Eingeweihten höheren Grades in den großen Mysterienschulen bekannt; sie verdeutlicht das Herabströmen von Gnade, Tugend und Licht, wenn diese dem Höheren entzogen und auf die Dinge darunter übertragen werden. Die Gebärde weist grundsätzlich auf den Besitz und die Kommunikation von geistigen Kräften und Naturtalenten hin.

Auf dem Tisch vor dem Magier befinden sich die Symbole der vier Reihen des Tarot, die für die Elemente des irdischen Lebens stehen und wie Instrumente vor dem Adepten liegen, damit er sie seinem Willen entsprechend benutzen kann.

Darunter blühen Rosen und Lilien, die *flos campi* und *lilium convallium*, hier in Gartenblumen verwandelt, um die Züchtung der Aspiration zu verdeutlichen.

Diese Karte illustriert die göttliche Motivation im Menschen und reflektiert Gottes Willen im Sinne einer Befreiung des Menschen durch seine Vereinigung mit dem Höheren. Auch zeigt sie die Einheit alles individuellen Seins auf allen Ebenen und in einem sehr hohen Sinne die Etablierung darin. Um auf das im Zusammenhang mit der Nummer 8 Erwähnte zurückzukommen, dem Symbol des ewigen Lebens, so erinnere man sich an den Christlichen Gnostizismus, in dem von der Neugeburt in Christus als eine Verwandlung »in die Ogdoad« gesprochen wird. Die mystische Zahl wird dort mit Jerusalem gleichgesetzt und dem Land, in dem Milch und Honig fließen, dem Heiligen Geist und dem Reich des Herrn. Im Martinismus ist die 8 die Zahl von Christus.

II
DIE HOHEPRIESTERIN

Zu ihren Füßen liegt die Mondsichel, auf ihrem Haupt ein gehörntes Diadem mit einem Globus in der Mitte und auf ihrer Brust ein großes Sonnenkreuz. Die Schriftrolle in ihren Händen trägt die Inschrift *Tora*, was das »Größere Gesetz« bedeutet – das »Geheime Gesetz« im zweiten Sinne des Wortes. Die Rolle wird zum Teil von ihrem Umhang bedeckt, um zu zeigen, daß manche Dinge ausgesprochen, andere jedoch nur angedeutet sind. Sie sitzt zwischen der weißen und der schwarzen Säule – J. und B. – des mystischen Tempels, mit dem Tempelschleier hinter ihr, bestickt mit Palmwedeln und Granatäpfeln. Ihre Gewänder sind fließend und leicht, und ihr Umhang wird von dem Licht einer schimmernden Ausstrahlung durchtränkt.

Sie wurde »Okkulte Wissenschaft an der Schwelle zum Heiligtum der Isis« genannt, aber sie ist in Wahrheit die

Geheime Kirche, das Haus Gottes *und* des Menschen. Auch repräsentiert sie die Zweite Hochzeit des Prinzen, der nicht mehr von dieser Welt ist; sie ist die geistige Braut und Mutter, die Tochter der Sterne und des höheren Gartens Eden. Und letztlich ist sie die Königin des geborgten Lichts, doch dies ist das Licht aller Dinge. Sie ist der Mond, gespeist von der Milch der Urmutter.

Auf gewisse Art ist sie die Urmutter selbst – die leuchtende Reflektion derselben. In diesem reflektierten Sinne ist ihr höchster und wahrster Name *Shekinah* – die mitbewohnende Glorie. Im Kabbalismus gibt es eine *Shekinah* oberhalb und eine unterhalb. In der höheren Welt trägt sie den Namen *Binah*, das allumfassende Verständnis, welches die Ausstrahlungen darunter reflektiert. In der unteren Welt wird sie *Malkuth* genannt, ein Wort, das für diesen Zweck als »Seliges Königreich« übersetzt werden kann, wobei die Seligkeit durch die innewohnende Glorie erlangt wird. Mystisch ausgedrückt, ist die *Shekinah* die spirituelle Braut des gerechten Mannes, und wenn er das Gesetz erkennt, ist sie es, die diesem Gesetz seinen götttlichen Sinn verleiht. In mancher Hinsicht ist die Karte die höchste und heiligste unter den Großen Arkana.

III
DIE HERRSCHERIN

Eine stattliche Frauenfigur, sitzend, mit reichverzierten Kleidern und königlichem Gebaren, wie eine Tochter des Himmels und der Erde zugleich. Ihr Diadem besteht aus zwölf Sternen, in einer Konstellation gruppiert. Auf einem Wappenschild zu ihrer Seite ist das Symbol der Venus eingraviert. Ein Kornfeld reift zu ihren Füßen heran, und dahinter fließt ein Wasserfall. Auf dem Zepter in ihrer Hand thront der Globus dieser Welt.

Sie ist der niedere Garten Eden; das irdische Paradies, und alles, was vom sichtbaren Haus des Menschen symbolisiert wird. Sie ist nicht *Regina Coeli*, aber dennoch *refugium peccatorum*, die fruchtbare Mutter von Tausenden. Auch bezeichnet man sie zu Recht in manchen Aspekten als »Begehren« und die »Flügel unserer Wünsche«, oder »die mit der Sonne bekleidete Frau«, *Gloria Mundi*, und der »Schleier des *Sanctum Sanctorum*«; aber sie ist nicht die Seele, die Flügel erlangt hat, es sei denn, der gesamte Symbolismus wird auf andere und sehr seltsame Weise addiert. Vor allen Dingen ist sie die universelle Fruchtbarkeit und der exoterische Sinn des göttlichen Wortes. Dies ist offensichtlich, weil dem Manne keine direkte Botschaft mitgegeben wurde, wie sie von Frauen verkörpert wird, aber sie tragen die Interpretation derselben nicht in sich selbst.

In einer anderen Kategorie von Ideen versinnbildlicht die Herrscherin die Tür oder das Tor, durch das wir diese Welt betreten, wie den Lustgarten der Venus. Der Weg, der aus diesem wieder hinausführt, ist der Hohepriesterin bekannt, und sie verrät ihn den Auserwählten. Die meisten alten Auslegungen dieser Karte sind vollkommen falsch, was den Symbolismus betrifft, wie zum Beispiel »das Wort« (Gottes), »Göttliche Natur«, »die Triade« und so weiter.

IV
DER HERRSCHER

Er hält eine Form des *Crux ansata* als Zepter in der Rechten und eine Weltkugel in seiner Linken. Er ist ein gekrönter Monarch: beherrschend, staatsbewußt, auf einem Thron sitzend, dessen Armlehnen in Widderköpfen münden. Er wirkt als die ausführende und verwirklichende Macht dieser Welt und ist hier mit den höchsten ihrer natürlichen Attribute ausgestattet. Gelegentlich wird er auf einem kubischen Stein sitzend dargestellt, wodurch manche Zusammenhänge jedoch eher verwirrt werden. Er ist die männliche Potenz, auf die die Herrscherin reagiert, und in diesem Sinne ist er es, der danach trachtet, den Schleier von Isis zu entfernen; aber sie bleibt stets *virgo intacta*.

Hier muß man verstehen, daß diese Karte und die der Herrscherin nicht unbedingt die Umstände des Ehelebens repräsentieren, obwohl diese angedeutet sind. Oberflächlich betrachtet stehen beide für weltliche Herrschaft auf dem Thronsitz der Mächtigen; aber darüber hinaus wird eine andere Ebene angedeutet. Beide Gestalten – und besonders die männliche – sind Repräsentanten einer höheren Aristokratie und sitzen auf dem intellektuellen Thron. Dies ist die Herrschaft über die Gedankenwelt im Gegensatz zur animalischen Welt. Beide Persönlichkeiten sind auf ihre eigene Art »voll von seltsamen Erfahrungen«, aber ihre Weisheit ist nicht bewußt jene, die Wissen aus einer höheren Welt bezieht.

Der Herrscher wurde folgendermaßen beschrieben: (a) als verkörperte Willensmacht, aber das ist nur eine der Deutungsebenen, und (b) als ein Ausdruck möglicher Erscheinungen, die im Absoluten Sein enthalten sind, aber das ist Phantasie.

V
DER HIEROPHANT

Er trägt die dreifache Krone und sitzt zwischen zwei Säulen, aber nicht zwischen den Säulen des Tempels der Hohepriesterin. In seiner Linken hält er das Zepter, das im dreifachen Kreuz mündet, und seine rechte Hand vollführt das wohlbekannte kirchliche Zeichen, das man esoterisch nennt, um zwischen dem manifestierten und dem verborgenen Teil der Doktrin zu unterscheiden. In diesem Zusammenhang fällt auf, daß die Hohepriesterin kein Handzeichen vollführt. Zu seinen Füßen sind zwei Schlüssel kreuzweise übereinandergelegt, und zwei priesterliche Minister in Chorhemden knien vor ihm.

Er wurde oft auch »der Papst« genannt, aber der Titel beschreibt nur eine spezielle Variante des von ihm symbolisierten hohen Amtes. Er ist die herrschende Macht der externen Religion, genauso, wie die Hohepriesterin der herrschende Genius der esoterischen, innerlichen Macht ist. Die korrekten Bedeutungen dieser Karte sind von nahezu allen Kommentatoren verwirrt worden. Grand Orient glaubt, daß der Hierophant die Schlüssel zur exoterischen, orthodoxen Doktrin besitzt und die Macht des äußerlichen Lebensstils vertritt, welcher zur Doktrin führt, aber der Hierophant ist mit Sicherheit kein Prinz der okkulten Doktrin, wie ein anderer Kommentator behauptete.

Er ist vielmehr die *summa totius theologieæ,* und dies, nachdem sie bereits völlig in ihrer Ausdrucksform erstarrt ist. Aber der Hierophant symbolisiert zur selben Zeit auch alle gerechten und heiligen Dinge auf der manifestierten Seite der Theologie. Als solcher ist er der Empfänger und Überträger jener Gnade, die der Welt der Institutionen angehört, im Unterschied zur Gnade der Natur, und er ist der führende Erlöser der breiten Masse. Er ist das Gefüge und Oberhaupt der anerkannten Hierarchie, welche wiederum ein anderes und größeres hierarchisches Gefüge reflektiert. Es kommt vor, daß der Pontifex die Bedeutung, seines symbolhaften Status vergißt und sich aufführt, als enthielte er selbst im gleichen Maße alles, worauf seine Zeichen verweisen oder was seine Amtssymbole demonstrieren möchten. Er ist nicht, wie manchmal angenommen, ein Sinnbild der Philosophie – außer in ihrem theologischen Aspekt; er ist nicht die Inspiration; und er ist nicht die Religion, auch wenn er eine ihrer Ausdrucksformen annimmt.

VI
DIE LIEBENDEN

Die Sonne steht am höchsten Punkt, und unter ihr schwebt eine große geflügelte Gestalt mit ausgebreiteten Armen und läßt ihre Einflüsse herabströmen. Im Vordergrund stehen zwei Menschen, ein Mann und eine Frau, entblößt beieinander, als wären sie Adam und Eva zur Zeit, da sie das Paradies des irdischen Körpers zum allerersten Mal betraten. Hinter dem Mann wächst der Baum des Lebens und trägt zwölf Früchte. Hinter der Frau wächst der Baum der Erkenntnis von Gut und Böse, und die Schlange windet sich darum.

Die Figuren verkörpern Jugendlichkeit, Keuschheit, Unschuld und Liebe, bevor diese von groben, materiellen Begierden vergiftet worden sind. Dies ist in aller Einfachheit die Karte der menschlichen Liebe, hier dargestellt als ein Bestandteil des Weges, der Wahrheit und des Lebens.

Mit ihren ursprünglicheren Prinzipien ersetzt sie die alte Karte des »Ehelebens«, die ich vorher beschrieben habe, ebenso wie die späteren Irrtümer, in denen der Mensch zwischen Tugend und Lasterhaftigkeit schwankt. In einem sehr hohen Sinne ist diese Karte ein Mysterium der Verheißung und des Sabbath.

Man könnte auf den Gedanken kommen, daß die Frau jene Hinwendung zum sinnlichen Leben verkörpert, die in sich schon die Idee des Sündenfalles birgt, aber die Frau ist vielmehr ein Instrument des Geheimen Gesetzes der Vorsehung als eine absichtsvolle und bewußte Verführerin. Durch ihren vermeintlichen »Fall« steigt der Mann letzten Endes umso höher auf, und nur durch sie kann er sich vervollkommnen. Die Karte ist deshalb auf ihre Art ein weiterer Schlüssel zu dem gewaltigen Mysterium des Frauseins. Die alten Bedeutungen sind ebenso hinfällig wie die alten bildlichen Darstellungen der »Liebenden«, aber selbst wenn die Karten im eben beschriebenen Sinne interpretiert werden, sind manche einfach allzu gewöhnlich und andere falsch in ihrer Symbolik.

VII
DER WAGEN

Eine prinzliche Figur mit einem Stab in der Hand steht hoch aufgerichtet im Wagen und entspricht in groben Zügen der traditionellen Beschreibung, die ich im ersten Teil erwähnt habe. Auf den Schultern des siegreichen Helden sollen die *Urim* und *Thummim* liegen. Er hat die Gefangenschaft selbst gefangengenommen; er ist Eroberung auf allen Ebenen – im Verstand, der Wissenschaft, dem Fortschritt und bei bestimmten Prüfungen der Einweihung. Somit hat er die rätselhafte Frage der Sphinx beantwortet, und aus diesem Grund habe ich die Variante von Eliphas Lévi akzeptiert und zwei Sphinxen vor die Kutsche gespannt. Der Wagenführer versinnbildlicht vor allen Dingen einen intellektuellen Triumph.

Und deshalb muß verstanden werden, daß (a) die Rätselfrage der Sphinx einem Mysterium der Natur galt, nicht einem Mysterium der Gnade, auf das der Kutscher keine Antwort gewußt hätte; (b) daß die Dimensionen seiner Eroberung manifestierte oder äußerliche sind und nicht in seinem Inneren liegen; (c) daß die von ihm erlangte Befreiung ihn selbst durchaus in der Gefangenschaft des logischen Verstandes zurücklassen kann; (d) daß die Prüfungen der Einweihung, aus denen er triumphierend hervorgegangen ist, physische oder rationale waren; und daß (e) er die Schriftrolle der Hohepriesterin mit der Aufschrift *Tora* nicht öffnen kann, sollte er ihren Tempel dereinst betreten, ebensowenig, wie er ihre Fragen beantworten kann. Er steht nicht im Zusammenhang mit geburtsrechtlicher königlicher Macht, und er steht nicht für die Priesterschaft.

VIII
KRAFT oder STÄRKE

Eine Frau, über deren Kopf dasselbe Symbol für ewiges Leben schwebt wie in der Karte für den Magier, ist dabei, das Maul eines Löwen zu schließen. Der einzige Unterschied zu den konventionellen Abbildungen besteht bei dieser Karte darin, daß der Löwe bereits von ihrer wohlwollenden Kraft bezwungen wurde und eine Blumenkette als Leine akzeptiert. Aus mir selbst einleuchtenden Gründen wurde die Karte der »Gerechtigkeit« vorangestellt, welche normalerweise den achten Platz besetzt. Da diese Änderung aber kein Bedeutung für den Leser hat, besteht kein Anlaß, weitere Erklärungen abzugeben.

In einem ihrer höchsten Aspekte ist die »Kraft« mit dem Göttlichen Mysterium der Vereinigung verknüpft. Die Tugend der Stärke wirkt sich jedoch auf allen Ebenen aus, und so bezieht ihr Symbolismus sich auf jede davon. Auch besteht ein Zusammenhang mit der *innocentia inviolata* und jener Art von Kraft, die der Kontemplation entspringt.

Allerdings müssen diese höheren Bedeutungen in die Karte hineingelesen werden, denn sie sind nicht oberflächlich und offensichtlich in dieser Darstellung. Auf eine verborgene Weise werden sie von der Blumenkette angedeutet, welche unter vielen anderen Dingen auch die zarten Bande und die süße Last des Göttlichen Gesetzes symbolisiert, wenn dieses Gesetz im tiefsten Herzensgrunde akzeptiert wurde.

Die Karte hat nichts mit Selbstsicherheit im gewöhnlichen Sinne zu tun, wie vielfach behauptet wurde, sondern mit dem Selbstvertrauen der Geschöpfe, die ihre Kraft in Gott erkannt und ihre Zuflucht in Ihm gefunden haben. Auf einer Ebene repräsentiert der Löwe die Leidenschaften, und das Symbolhafte, das die »Kraft« genannt wird, repräsentiert die höhere Urnatur in all ihrer Freiheit. Sie ist auf der Natter und dem Basilisk gewandelt und hat den Löwen und den Drachen bezähmt.

IX
DER EREMIT

Die Karte unterscheidet sich nur insofern von konventionellen Abbildungen, als die Lampe hier nicht halb unter dem Mantel des Eremiten verborgen ist und ein Stern in der Laterne leuchtet. In sich verbindet der Eremit zwei Ideen: die des »Alten der Tage« und die des »Lichts der Welt«. Ich habe bereits gesagt, daß diese Karte von einem Ziel spricht, das bereits erlangt worden ist, und um dieses Konzept zu illustrieren, hält die Gestalt ihr Licht auf einer Bergspitze in die Höhe. Deshalb ist der Eremit nicht, wie Court de Gebelin erklärte, ein Weiser auf der Suche nach Wahrheit und Gerechtigkeit; noch ist er, wie in einer späteren Erklärung behauptet wurde, ein Beispiel für außerordentliche Erfahrungen. Sein Lampenlicht verkündet: »Wo ich bin, kannst auch du sein.«

Auch wird diese Karte falsch verstanden, wenn sie als die Isolation des okkulten Adepten ausgelegt wird, der seinen persönlichen Magnetismus vor Fremdeinflüssen schützen will. Dies ist eine der frivolen Interpretationen, die wir Eliphas Lévi zu verdanken haben. Sie wurde von dem französischen Orden der Martinisten übernommen, und so hört man allenthalben von der Wortlosen und Unbekannten Philosophie, die der Weise angeblich mit seinem Umhang vor dem profanen Allgemeinwissen verbirgt. Im echten Martinismus gehörte der Begriff *Philosophe inconnu* einer vollkommen anderen Bedeutungsebene an. Er bezog sich nicht auf die absichtliche Geheimhaltung der Erhabenen Mysterien und noch weniger auf ihre allgemeinen Surrogate, sondern vielmehr auf die Tatsache, daß die Göttlichen Mysterien von Natur aus vor dem Zugriff der Unvorbereiteten geschützt sind.

X
RAD DES SCHICKSALS

Bei diesem Symbol sind wir der Rekonstruktion von Eliphas Lévi gefolgt, welcher mehrere Varianten geliefert hat. Es ist durchaus legitim, ägyptische Symbole zu benutzen, sofern sie sich als nützlich für unsere Zwecke erweisen und solange damit keine Theorie über den Ursprung des Tarot verbunden wird. Allerdings habe ich den Typhon auf dieser Karte in seiner Schlangenform dargestellt, was natürlich kein rein ägyptisches Symbol ist, genausowenig, wie die vier Lebenden Kreaturen von Hesekiel in den vier Ecken der Karte sind. Auch weist das Rad hier andere Zeichen als bei Lévi im Hinblick auf Hesekiels Vision auf. Bei dem französischen Okkultisten und dem Sinnbild als solchem wird die unaufhörliche Umdrehung eines fluiden Universums und der Fluxus des menschlichen Lebens dargestellt. Die Sphinx ist das Gleichgewicht darin. Die Buchstaben TARO oder, anders gelesen, ROTA, drehen sich abwechselnd mit den Zeichen für den Namen Gottes im äußeren Kreis des Rades, um zu zeigen, daß die Vorsehung an jedem Punkt mitwirkt. Aber die göttliche Absicht im Inneren und die gleiche Absicht im Äußeren wird von den vier lebenden Kreaturen der Apokalypse verdeutlicht.

Auf manchen Karten lagert die Sphinx auf einem Podest über dem Rad, wodurch der Symbolismus jedoch verfälscht wird, weil die Grundidee der Stabilität inmitten permanenter Umdrehungen dabei verlorengeht.

Hinter der generellen Deutung dieser Symbole steht die Idee, daß nichts zufällig geschieht, da alles sich im vorgeschriebenen Kreise dreht, und somit wird ein gewisser Fatalismus impliziert. Dazu muß gesagt werden, daß die okkulten Auslegungen dieser Karte, angefangen mit Lévi, von einzigartiger Aufgeblasenheit künden und den Okkultismus als solchen nicht dabei verschont lassen. Die Bedeutung der Karte wurde als »Prinzip« angegeben oder »Fruchtbarkeit, virile Ehre, herrschende Autorität« etc. Die Auslegungen gewöhnlicher Wahrsager sind auf ihrer eigenen Ebene zutreffender.

XI
GERECHTIGKEIT

Da diese Karte den traditionellen Symbolismus bewahrt und in erster Linie die offensichtliche Bedeutung verkörpert, gibt es nicht viel zu sagen, abgesehen von einigen, im ersten Teil angeführten Erklärungen, die der Leser dort nachlesen kann.

Es fällt jedoch auf, daß die Gestalt zwischen zwei Säulen thront, wie die Hohepriesterin, und aus diesem Grund mag es erwähnenswert sein, daß das moralische Prinzip, demzufolge jeder eines Tages seinen gerechten Lohn erhält, sich essentiell von der spirituellen Gerechtigkeit unterscheidet, derzufolge jeder eines Tages auserwählt wird. Die spirituelle Gerechtigkeit gehört einer mysteriösen Dimension der Vorsehung an, die es manchen Menschen möglich macht, sich den höchsten Dingen hinzugeben oder wenigstens eine Vorstellung von solchen Dingen zu entwickeln. Dies funktioniert so willentlich und unwillentlich wie Ein- und Ausatmen, und was das betrifft, so können wir uns auf keine Erklärungsgrundlage und keine stichhaltigen Kritiken zum Thema stützen. Es gleicht dem Talent, das Elfenreich wahrzunehmen, oder den hohen Gottesgaben und den dichterischen Begabungen: entweder wir haben sie, oder wir haben sie nicht, und ihr Vorhandensein ist ebenso wunderlich wie ihre Abwesenheit. Das Gesetz der Gerechtigkeit wird allerdings weder im einen noch im anderen Fall bemüht. Die Säulen der Justizia markieren den Weg in eine Welt, und die Säulen der Hohepriesterin verweisen auf eine andere.

XII
DER GEHÄNGTE

Der Galgen, von dem er herabhängt, formt ein *Tau*-Kreuz, während die Stellung der Beine das *Fylfor*-Kreuz bildet. Das Haupt dieses scheinbaren Märtyrers ist von einem Heiligenschein umgeben. Bemerkenswert ist, (1) daß der Baum der Aufopferung ein lebendiges Gehölz ist und grüne Blätter trägt; (2) daß das Gesicht des Gehängten eine tiefe Versenkung zum Ausdruck bringt und kein Leid; (3) daß die Gesamtfigur ein Leben in der Schwebe illustriert, aber auf jeden Fall das Leben, nicht den Tod.

Die Karte ist von tiefschürfender Bedeutung, aber all ihre Signifikanz ist verschleiert worden. Ein Lektor von Eliphas Lévi meinte, daß letzterer die Bedeutung nicht verstanden habe, was zweifellos zutrifft – desgleichen auf den Lektor. Sie wurde fälschlich als eine Karte des Märtyrertums bezeichnet, eine Karte der Vorsicht, eine Karte des

Großen Werkes, eine Karte der Pflicht; aber wir können sämtliche publizierten Interpretatioen ausloten und finden doch nur Eitelkeit. Ich, für meinen Teil, sage ganz einfach, daß sie in einem Aspekt die Beziehung zwischen dem Göttlichen und dem Universum ausdrückt. Wer verstehen kann, daß die Geschichte seiner höheren Urnatur in diesem Symbolismus enthalten ist, wird Ahnungen von einem großen Erwachen haben, das jedem Menschen möglich ist, und wissen, daß auf das heilige Mysterium des Todes etwas Glorreiches folgt, was unter Menschen das heilige Mysterium der Auferstehung genannt wird.

XIII
TOD

Der Schleier oder die Maske des körperlichen Lebens wird durch den ständigen Wirbel von Transformationen im fortlaufenden Übergang vom Niederen zum Höheren aufrechterhalten, und diese Tatsache wird deutlicher von einem der Reiter der Apokalypse zum Ausdruck gebracht als von dem ungeschlachten Symbol des sichelschwingenden Skeletts auf anderen Tarotkarten.

Hinter dem Reitersmann liegt die gesamte, ständig im Geiste aufsteigende Welt der Erscheinungsformen. Der mysteriöse Ritter reitet langsam voran und trägt eine schwarze Fahne mit dem Symbol der Mystischen Rose vor sich her, wobei die Rose das Leben repräsentiert. Zwischen zwei Pfeilern am Rande des Horizonts steht die leuchtende Sonne der Unsterblichkeit. Der Reiter trägt keine sichtbare Waffe, und doch fallen König, Kind und Mägdelein vor ihm zu Boden, und der Prälat erwartet sein Ende mit gefalteten Händen.

Ich muß wohl kaum darauf hinweisen, daß der Tod, wie ich ihn in der vorangegangenen Karte erwähnte, ein mystischer Tod ist, aber dies trifft in diesem Fall nicht zu. Der natürliche Übergang des Menschen in den nächsten Seinszustand ist entweder eine Form seines Fortschritts oder kann in eine solche verwandelt werden, aber der exotische und nahezu unbekannte Eintritt in den Zustand des mystischen Todes, noch während des Lebens im Diesseits – dieser Tod ist eine Wandlung in der Form des Bewußtseins und der Übergang in ein Sein, zu dem der normale Tod weder als Weg noch als Eingangstor führt.

Die allseits verbreiteten Interpretationen der dreizehnten Karte sind insgesamt besser als gewöhnlich und sprechen von Wiedergeburt, Schöpfung, dem Lebensziel, einer Erneuerung und allem anderen.

XIV
MÄSSIGKEIT

Ein Engel mit Flügeln und dem Sonnenzeichen auf der Stirn und dem Siebenerzeichen des Dreiecks innerhalb eines Quadrats auf der Brust. Ich spreche von ihm als männlich, aber die Figur ist weder männlich noch weiblich. Er gießt die Lebensessenzen von einem Kelch in den anderen und steht mit einem Fuß auf der Erde und dem anderen im Wasser, um etwas vom Wesen dieser Essenzen zu illustrieren. Ein Pfad führt geradewegs zu einer gewissen Höhe am Rande des Horizonts, und darüber steht ein gewaltiges Licht, in dem wir eine Krone angedeutet sehen. Hierin liegt etwas von dem Geheimnis des ewigen Lebens, wie es der Mensch in seiner hiesigen Inkarnation schon erreichen kann. Alle herkömmlichen Embleme sind hiermit unnötig geworden.

Das gleiche gilt für die konventionellen Interpretationen, bei denen vom Wechsel der Jahreszeiten, dem unaufhörlichen Fließen des Lebens und einer Kombination von verschiedenen Ideen gesprochen wird. Des weiteren ist es nicht richtig, zu sagen, daß die Figur den Geist der Sonne repräsentiert, obwohl sie ein Sinnbild für das Sonnenlicht ist, das im dritten Teil unseres dreifaltigen Menschseins verkörpert wird. Sie wird die »Mäßigkeit« genannt, seltsamerweise, denn wenn sie unser Bewußtsein regiert, dann temperiert, kombiniert und harmonisiert diese Kraft unsere stoffliche und unsere feinstoffliche Natur. Unter ihrer Herrschaft erkennt unser vernunftbegabter Teil etwas von dem Ursprung, aus dem wir kommen und zu dem wir alle zurückkehren.

XV
DER TEUFEL

Die Gestaltung ist ein Mittelding oder ein harmonisches Destillat von mehreren, im ersten Abschnitt bereits erklärten Motiven. Der gehörnte Ziegenbock von Mendes hockt mit ausgebreiteten Fledermausflügeln auf einem Altar. Das Zeichen des Merkur formt sich unter seinem Bauch. Die rechte Hand ist erhoben, der Mittel- und Ringfinger gespreizt, zum Zeichen, daß die segnende Gebärde des Hierophanten auf der fünften Karte hier den umgekehrten Sinn hat. In seiner Linken hält er eine flammende Fackel nach unten zur Erde. Auf seiner Stirn trägt er das auf den Kopf gestellte Pentagramm. Vorn auf dem Altar ist ein Eisenring mit zwei Ketten angebracht, welche am Hals eines Mannes und einer Frau befestigt sind. Die beiden Menschen sind dieselben wie auf der Karte »Die Liebenden«, als wären sie Adam und Eva nach der Vertreibung aus dem Paradies. Dies ist die fatale Verkettung mit dem Leben in der grobstofflichen Materie.

Die Menschen haben Schwänze, um ihre animalische Natur zu verdeutlichen, aber in ihren Gesichtern leuchtet eine zutiefst menschliche Intelligenz, und der Gehörnte, der jetzt noch über ihnen thront, wird nicht auf ewig ihr Meister bleiben. Schon jetzt ist er, ebenso wie sie, ein Gefangener des Bösen in ihm selbst – ein Blinder, der die Freiheit, die der Dienst am Mitmenschen mit sich bringt, nicht wahrnehmen kann.

Eliphas Lévi ging bei dieser Karte sogar noch über seine gewohnte Mißachtung der Künste hinaus, die er als einer ihrer Meister zu respektieren und interpretieren vorgab, und verkündete, daß die Teufelsfigur die okkulten Wissenschaften und die Magie repräsentiert. Ein anderer Kommentator meinte, daß die Teufelsfigur in der göttlichen Welt für Prädestiniertheit steht – aber in der höheren Welt gibt es rein gar nichts, was mit der Brutalität der niederen Ebenen korrespondiert. Was die Figur wirklich darstellt, ist eine Form des Hüters der Schwelle außerhalb des Mystischen Gartens, dem alle aus dem Paradies Vertriebenen begegnen, nachdem sie die Frucht vom Baum der Erkenntnis gegessen haben.

XVI
DER TURM

Die okkulten Interpretationen dieser Karte sind fadenscheinig und größtenteils sehr ungünstig. Es ist hinfällig, die Abbildung als »Ruin in allen seinen Aspekten« zu deuten, denn das dürfte auf den ersten Blick schon offensichtlich sein. Außerdem wird behauptet, daß hier zum ersten Mal ein materielles Bauwerk im Tarot auftaucht, wobei ich nicht einsehen kann, warum der Turm mehr oder weniger materiell sein soll als die Säulen, denen wir bereits an drei Stellen zuvor begegnet sind. Auch sehe ich nichts, was die Annahme von Dr. Papus bestätigt, daß es sich hier buchstäblich um den Sündenfall Adams handelt, aber seine Alternative ist insofern vorzuziehen, als wir die »Materialisation des spirituellen Wortes« in dieser Karte erkennen können.

Der Autor Christian meinte, es handele sich um den Absturz des Intellekts bei seinem Streben, das Mysterium Gottes zu durchdringen. Ich stimme eher mit Grand Orient überein und sage, daß der Ruin des Hauses des Lebens dargestellt wird, nachdem es dem Bösen anheimgefallen ist, und daß es sich in erster Linie um die Zerstörung des Bauwerks der Doktrin handelt, obwohl mir scheint, als hätten wir es hier grundsätzlich mit einem »Lügengebäude« zu tun. Auch wird das gesamte Ausmaß des alten Sinnspruchs illustriert, in dem es heißt: »Nur das vom Herrn Gebaute bleibt bestehen, was der Mensch gebaut hat, muß vergehen.«

In gewissem Sinne ist die Katastrophe ein Widerhall der vorangegangenen Karte, aber nicht in ihrer Symbolik, wie ich sie dort geschildert habe. Es ist eher eine Frage der Analogie. Die eine Karte verdeutlicht den Absturz in das materielle und animalistische Dasein, während die andere die Zerstörung des vom Intellekt Aufgebauten repräsentiert.

Der Turm wurde als »die Erniedrigung des Stolzes« und »der Kniefall des Intellekts vor dem unfaßlichen Mysterium Gottes« beschrieben. Aber weder die eine noch die andere Auslegung erklärt die beiden Menschen, die bei lebendigem Leibe vom Turm stürzen. Der eine ist das buchstäblich verstandene Wort Gottes, das hier zunichte gemacht wurde, und der andere ist die falsche Auslegung des Wortes. In einem noch tieferen Sinne kann es sich hier auch um das Ende eines religiösen Systems und eine Befreiung handeln, aber es besteht keine Möglichkeit, diese komplexeren Fragen im gegebenen Rahmen abzuhandeln.

XVII
DER STERN

Ein großer, leuchtender Stern mit acht Zacken, umringt von sieben geringeren Sternen mit ebenfalls acht Zacken oder Strahlen. Die Frauengestalt im Vordergrund ist vollkommen nackt. Ihr linkes Knie berührt die Erde, und ihr rechter Fuß steht im Wasser. Sie schüttet das Wasser des Lebens aus zwei großen Krügen und befruchtet damit Erde und Meer. Die Landschaft hinter ihr ist anschwellend, und zu ihrer Rechten steht ein Busch oder Baum, auf dem ein Vogel landet.

Die Figur repräsentiert ewige Jugend und Schönheit. Der Stern ist *l'etoile flamboyante*, wie er auch im Symbolismus der Freimaurer vorkommt, dort aber mit verwechselter Bedeutung. Was die Figur auf die lebende Welt überträgt, ist die Substanz der himmlischen Sphären und der Elemente, nämlich, wie andernorts ganz richtig gesagt wurde, »die Ausgießung der Wasser des Lebens« und »der himmlischen Gaben«.

Das Fazit einiger Kommentatoren ist die dürftige Erkärung, daß es sich um eine Karte der Hoffnung handelt. Auf anderen Ebenen wurde »Unsterblichkeit« und »inneres Licht« festgestellt. Für die Mehrheit der Verständigen ist die Figur eine Form der ungeschminkten Wahrheit, entblößt, glorreich in ihrer unsterblichen Schönheit, und im Begriff, ein gewisses Maß ihrer unbezahlbaren Kostbarkeiten auf die Seelenlandschaft auszugießen. Aber letztlich ist sie die Große Mutter, die *Sephira Binah* der Kabbalisten, das allumfassende Verständnis, das den *Sephiroth* unterhalb von ihr in genau dem Maße zuteil wird, wie diese den Einfluß der Erhabenen empfangen können.

XVIII
DER MOND

Der Unterschied zwischen dieser Karte und manchen herkömmlichen Darstellungen liegt darin, daß der Mond an seiner rechten Seite, welche die Seite der Gnade genannt wird, vom Betrachter aus gesehen zunimmt. Der Himmelskörper hat sechzehn primäre und sechzehn sekundäre Strahlen. Die Karte repräsentiert das Leben in der Phantasie, im Gegensatz zu einem Leben im Geiste. Der Pfad zwischen den beiden Türmen führt ins Ungewisse. Der Hund und der Wolf sind die Ängste des Geistes an diesem Ausgangspunkt, wo nur ein reflektiertes Licht seinen Weg erhellt.

Die letzte Bemerkung ist ein Schlüssel zu einer anderen Form der Symbolik. Das intellektuelle Licht ist eine Reflektion, und dahinter liegt das unbekannte Mysterium, das der Intellekt nicht erhellen kann. Er illuminiert unsere animalischen Aspekte, die unten in einigen Varianten dargestellt werden: der Hund, der Wolf und das, was aus den Tiefen steigt, jenes Namenlose und Abscheuliche, das noch niedrigeren Tendenzen folgt als irgendein wildes Tier. Es strebt danach, sich zu manifestieren, symbolisiert von seinem Kriechen aus dem Meeresschlund ans feste Land, aber gewöhnlich sinkt es bald wieder zurück in den Abgrund, aus dem es kam.

Das Gesicht des spiegelnden Verstandes blickt gelassen auf das rastlose Treiben unter ihm herab; der Tau der Gedanken tropft hernieder; die Botschaft ist: Friedfertigkeit, sei still; dann kann es sein, daß die tierische Natur zur Ruhe kommt und der bodenlose Abgrund keine Formen mehr gebiert.

XIX
DIE SONNE

Das nackte Kind, das von einem weißen Pferd getragen wird und eine rote Standarte schwenkt, wurde bereits vorher als besseres Symbol für diese Karte erwähnt. Hier weht das wegweisende Banner des erleuchteten Ostens über dem großen und heiligen Lastenträger, welcher der endlosen Prozession der Menschheit vorausreitet, sie aus dem eingemauerten Garten der Sinnesfreuden herausführt und ihr den Heimweg zeigt. Die Karte repräsentiert somit den Übergang von dem in dieser Welt manifestierten Licht, das von der leuchtenden Erdensonne symbolisiert wird, in die Lichtwelt jenseits davon, die allem Streben vorangeht und vom kindlichen Herzen verkörpert wird.

Die letzte Bemerkung ist wiederum ein Schlüssel zu einem anderen Aspekt oder einer unterschiedlichen Form der Symbolik. Die Sonne ist die des unmittelbaren Bewußtseins und somit das genaue Gegenteil des reflektierten Lichts. Der typische Vertreter für die Menschheit ist ein kleines Kind geworden – ein Kind im Sinne von Einfachheit; ganz und gar unschuldig im Sinne von Weisheit. In dieser Ungekünsteltheit trägt der Mensch das Siegel der Natur und der höchsten Kunst; in dieser Unschuld wird er zum Wahrzeichen einer geheilten Welt. Wenn Selbsterkenntnis im schlummernden Bewußtsein aufgegangen ist, erneuert sich der Geist, und in dieser Erneuerung reitet er in perfekter Eintracht mit der animalischen Natur nach Hause.

XX
DAS JÜNGSTE GERICHT

Ich sagte bereits, daß dieses Symbol ohne essentielle Abwandlungen in allen Tarot-Sets vorkommt; zum mindesten verändern die Variationen nicht den Charakter der Karte. Der riesenhafte Engel schwebt hier in den Wolken, aber er bläst in die Trompete mit dem Banner, auf dem das gewohnte Kreuz zu sehen ist. Die Toten entsteigen ihrer Gruft: eine Frau zur Rechten, ein Mann auf der linken Seite, und dazwischen ihr Kind, das uns den Rücken zukehrt. Aber auf dieser Karte werden mehr als drei Menschen erneuert und illustrieren damit auf eindringliche Weise die Unzulänglichkeit der heute kursierenden Erklärungen.

Auffallend ist, daß alle Figuren wie eins sind in ihrem Ausdruck staunender Anbetung, Liebe und Ekstase. Diese Karte verdeutlicht die Vollendung des Transformationsprozesses, wenn der Weckruf des Über-Allem-Stehenden erschallt – und dieser Aufruf wird im Inneren vernommen und beantwortet.

Hier wird auf eine Bedeutung verwiesen, die an dieser Stelle nicht näher ausgeführt werden kann. Was ist es, das in uns wie ein Fanfarenstoß erschallt und alles Niedere in unserer Natur erneuert – fast in einem Augenblick, einem einzigen Moment erlöst?

Wer nicht weiter sehen kann, möge die Karte ruhig als das Jüngste Gericht auslegen und als Auferstehung des fleischlichen Körpers; aber wer die inneren Augen besitzt, möge hinsehen und Neues entdecken. Letztere werden verstehen, warum die Karte früher sehr richtig »die Karte des ewigen Lebens« genannt wurde, und daß sie aus diesem Grund mit dem Sinnbild verwandt ist, das unter dem Namen der Mäßigkeit daherkommt.

0
DER NARR

Leichtfüßig, als hätte die Erde und ihre Beschwerlichkeit kaum Macht, ihn zurückzuhalten, naht ein junger Mann in reich besticktem Gewand sich dem Rande eines Abgrunds, und dies inmitten der höchsten Höhen dieser Welt. Sein Blick schweift in die blaue Ferne über ihm, als wollte er die Weite des Himmels ermessen, anstatt das Naheliegende unter ihm zu beachten. Er läuft noch immer eifrig weiter, obwohl er im Augenblick innehält, und sein Hund springt ebenfalls noch hoch. Der sich auftuende Abgrund enthält kein Entsetzen; es ist, als warteten himmlische Heerscharen darauf, den Leichtfüßigen davonzutragen, sollte er von dieser Höhe einen Sprung wagen. Sein Gebaren drückt Intelligenz und erwartungsvolle Versunkenheit aus. In einer Hand hält er eine Rose und in der anderen einen teuer erkauften Stab, an dessen Ende ein seltsam bestickter Beutel über seiner rechten Schulter hängt.

Er ist ein Prinz der anderen Welt auf der Durchreise durch diese – an einem glorreichen Morgen in der unverdorbenen Höhenluft. Die Sonne hinter ihm weiß, woher er kommt, wohin er geht und wie er auf einem anderen Weg nach langer Zeit einmal zurückkehren wird. Er ist der Geist auf der Suche nach Lebenserfahrungen. Viele Symbole der Offiziellen Mysterien kulminieren in dieser Karte, in der alle vorangegangenen Verwirrungen in ihr Gegenteil verwandelt werden, wie es von hoher Autorität garantiert wird.

In seinem »*Manual of Cartomancy* »macht Grand Orient eine sonderbare Bemerkung über das Amt des mystischen Narren und dessen höhere Bedeutung, aber womöglich sind mehr als gewöhnliche Talente erforderlich, um diese Karte zu deuten. Es wird sich herausstellen, wie es dieser Karte ergeht, wenn sie zum Zweck der gewöhnlichen Wahrsagerei benutzt wird. Wer Unterscheidungsvermögen mitbringt, wird die Karte als bestes Beispiel für die Tatsache begreifen, daß die Trumpfkarten ursprünglich keinen Platz in der übersinnlichen Klassenlotterie hatten, bei der sie als Vorwände zum Geldverdienen benutzt wurden. Von den Umständen, unter denen diese Kunst sich entwickelte, wissen wir jedoch nur sehr wenig.

In konventionellen Erklärungen wird der Narr als das »fleischliche, sinnliche Leben« interpretiert, obwohl, ironischerweise, ein untergeordneter Name ihn dereinst als »Der Alchemist« auswies und somit die aberwitzigsten Auswüchse der Narretei darstellen sollte.

XXI
DIE WELT

Die letzte Botschaft der Trumpfkarten bleibt unverändert und in der Tat unveränderlich, was den Symbolgehalt und die Gestaltung der Karte betrifft. Ihre tiefere Bedeutung wurde zum Teil schon erwähnt. Darüber hinaus repräsentiert sie auch die Vollkommenheit und das Endziel des Kosmos, dessen Geheimnis in ihm selbst begründet liegt und in einer seligen Erfülltheit kulminiert, wenn das Universum sich selbst in Gott versteht. Des weiteren ist dies die Seele im Zustand der bewußten Gottesanschauung, wie sie von dem selbstverwirklichten Geist gespiegelt wird. Aber diese Bedeutungen tun den vorher erwähnten materiellen Aspekten der Karte keinen Abbruch.

Auf der makrokosmischen Ebene enthält die Abbildung mehr als eine Bedeutung und stellt unter anderem den Zustand der auferstandenen Welt dar, nachdem das Gesetz der Manifestation bis zum höchsten Grad seines natürlichen Strebens nach Vollkommenheit ausgetragen wurde. Aber vielleicht wird hier auch ganz speziell auf eine Geschichte aus der Vergangenheit hingewiesen, wo es einen Tag gab, an dem alle Dinge gutgeheißen wurden, an dem die Morgensterne gemeinsam sangen und alle Söhne Gottes vor Freude jauchzten.

Eine der unpassendsten Erklärungen zu dieser Karte ist die Idee, daß die Frauengestalt den Magier symbolisiert, nachdem er den höchsten Grad der Einweihung erreicht hat. In einem anderen Kommentar heißt es, daß die Figur das Absolute darstellt, was lächerlich ist. Auch soll die Figur »Die Wahrheit« sein, was aber eher auf die siebzehnte Karte zutrifft. Zu guter Letzt wurde sie noch »Die Krone der Magis« genannt.

3

KOMMENTAR ZU DEN GROSSEN SCHLÜSSELN

In den vorangegangen Skizzen wurde kein Versuch unternommen, den Symbolismus zu erklären, wie er sich in den sogenannten drei Welten präsentiert: der ursprünglich göttlichen Welt, im Makrokosmos und schließlich auch im Mikrokosmos. Derlei Ausführungen würden einen Band mit ungleich viel mehr Seiten, als hier zur Verfügung stehen, füllen. Ich habe die Karten auf der hohen Ebene ihrer unmittelbaren Signifikanz für den Menschen interpretiert und vorausgesetzt, daß dieser, auch wenn er mitten im materiellen Leben steht – durchaus auf der Suche nach ewigen Dingen ist.

Der Autor des »*Manual of Cartomancy*« hat die Karten unter drei Überschriften besprochen: »Die Welt der menschlichen Umsicht«, welche sich nicht von einer seriöseren Form der Voraussicht oder Wahrsagerei unterscheidet; »Die Welt der Übereinkunft«, welche das religiöse Leben in der Gefolgschaft Gleichgesinnter ist; und »Die Welt der Verwirklichung«, welche »den Fortschritt der Seele zum Inbegriff ihrer Suche« beschreibt. Dazu liefert er eine dreigeteilte Methode der Kartendeutung, bei der die oben beschriebenen Unterteilungen berücksichtigt werden. Ich kann mit keinen vergleichbaren Deutungsmethoden aufwarten, weil ich glaube daß der Leser mehr davon proftiert, wenn er sich individuell auf jede einzelne Trumpfkarte besinnt.

Auch die allseits verbreitete Zuordnung der Karten zu den Buchstaben des hebräischen Alphabets habe ich nicht übernommen – zum ersten, weil dies in einem einführenden Handbuch wie diesem nutzlos wäre; zweitens, weil nahezu jede Zuordnung falsch ist. Und abschließend habe ich nicht versucht, die Reihenfolge der Karten zu ändern. Die Null erscheint deshalb nach der Nummer 20, aber ich habe dafür gesorgt, daß »Die Welt« oder »Das Universum« keine andere Zahl als die 21 hat. Wo auch immer die Null hingehören mag, sie bleibt eine Karte ohne Ziffern und Zahlen.

Abschließend zu diesem Teil will ich einen weiteren Hinweis über den Narren preisgeben, weil dieses Bild das vielschichtigste von allen Symbolen sein mag. Er repräsentiert den Weg nach Außen, den Zustand der ersten Erscheinungsform, die Tugenden und zugleich auch die Passivität des reinen Bewußtseins. Sein Beutel ist mit verschwommenen Zeichen bestickt, um zu zeigen, daß viele unterbewußte Erinnerungen in der Seele gespeichert sind.

TEIL III

DIE BEDEUTUNG DER KARTEN

1

DER UNTERSCHIED ZWISCHEN DEN GROSSEN UND KLEINEN ARKANA

Im allgemeinen gehen die Kenner des Tarot davon aus, daß die Hofkarten mit ihren Königen, Königinnen, Rittern und Pagen oder Burschen eine Brücke zwischen dem Großen und dem Kleinen Arkana bilden; aber die Tatsache, daß sie vollkommen anders als die Trumpfkarten sind, offenbart sich allein schon in dem konventionellen Charakter ihrer Bilder. Ich bitte meine Leser, diese Karten selber mit den großen Sinnbildern wie »Der Narr«, »Die Hohepriesterin«, »Der Hierophant« oder nahezu ausnahmslos jedem anderen Symbol in der eben beschriebenen Reihe zu vergleichen, um zu sehen, was ich meine. Die Hofkarten vermitteln uns keine unmißverständlich symbolhaften Ideen; sie sind lediglich eine Brücke der Konvention und existieren, um einen Übergang zu den simplen Zahlenkarten zu schaffen, die ihnen folgen. Hier sind wir anscheinend endgültig aus dem Reich der höheren Bedeutungen vertrieben worden, das einen spürbaren Ausdruck in den eindringlichen Szenen und Figuren der Trumpfkarten gefunden hatte.

Es gab Zeiten, in denen selbst die Zahlenkarten eine Bildersprache gesprochen haben, aber hierbei handelte es sich nur um die sporadischen Erfindungen von individuellen Künstlern, und ihre Gestaltung war entweder konventionell im Sinne der typischen Allegorien und nicht zu vergleichen mit dem, was man als Symbolismus versteht, oder sie waren Illustrationen von – wie soll man sagen? – den derzeitigen Sitten, Gebräuchen und dem Zeitgeschmack. Es handelte sich, mit einem Wort, um Ausschmückungen, und als solche trugen diese Karten in keiner Weise dazu bei, die Signifikanz der Kleinen Arkana zu der Höhe der Trumpfkarten zu erheben. Davon abgesehen wurden diese Varianten nur äußerst selten hergestellt.

Dennoch kursieren vage Gerüchte über die höheren Bedeutungen der kleinen Karten, wobei diese bisher aber nie näher ausgeführt wurden, noch nicht einmal im Bereich der dünnen Höhenluft strengster Geheimhaltung in den okkultesten Zirkeln. Letztere haben mit Sicherheit gewisse Änderungen in der Auslegung der Karten eingeführt, aber ich habe noch nie gehört, daß in der Praxis der Zukunftsdeutung damit bessere Resultate erzielt wurden.

Bemühungen wie die von Papus in seinem »*The Tarot of the Bohemians*« sind beachtlich und auf ihre Weise verdienstvoll; er zählt zu den wenigen, die Elemente einer göttlichen Gegenwart in den Trumpfkarten erkennen, und versuchte dann angestrengt, diese Signifikanz auch durch die lange Reihe der geringeren Karten zu verfolgen, als ginge er davon aus, daß etwas vom Reich der Gnade zwangsläufig in die Welt der Glücksspiele durchsickern müßte. Aber dabei kam nur ein willkürliches Schema von Unterteilungen heraus, mit dem er nicht weiterkam, woraufhin er am Ende notwendigerweise Zuflucht in einer altbekannten Methode der Auslegung nehmen mußte, um dem Kleinen Arkana seine Existenzberechtigung durch diesen Kunstgriff zu bescheinigen.

Ich befinde mich jetzt praktisch in derselben Situation; aber ich werde keinen Versuch machen, mich aus dieser Lage zu retten, indem ich die mystischen Eigenschaften von Zahlen heranziehe, wie Dr. Papus und andere es versucht haben. Ich erkenne ohne weitere Umschweife an, daß die Trumpfkarten von den erhabenen Ebenen der Philosophie sprechen und alles Nachfolgende der Rätselraterei angehört, da es noch nie in eine andere Sprache übertragen werden konnte. Alles weitere führt uns demnach in die Bereiche des Wahrsagens und in manchen Fällen sogar in die der Glücksspielerei und ihrer Fingerfertigkeit, und was nicht dazu gehört, wird auf dem ihm gebührenden Platz gelassen.

In dieser Einleitung zu dem Thema muß nurmehr hinzugefügt werden, daß der Unterschied zwischen den sechsundfünfzig Niederen Arkana und den gewöhnlichen Spielkarten überaus gering ist, denn die Tatsache, daß die Herzen von Kelchen ersetzt wurden und so weiter, stellt nur eine zufällige Variierung dar, und selbst das Vorhandensein eines Ritters in jeder Reihe war bei früheren Spielkarten normal, da der Ritter oft an die Stelle der Dame gesetzt wurde. Im nachfolgenden berichtigten Tarot wurden alle Zahlenkarten mit Ausnahme der Asse mit Figuren und Szenenbildern versehen, um die Bedeutung der Karten zu illustrieren, ohne diese Bedeutung hierdurch jedoch vollends zu erschöpfen.

Wer mit außergewöhnlichem Unterscheidungsvermögen und den Fakultäten der Reflektion begabt ist – und ich spreche nicht von Hellsicht – kann in vielen Karten der Kleineren Arkana vage Hinweise auf zusätzliche Bedeutungen entdecken, die über die gewohnten hinausgehen. Um Mißverständnissen vorzubeugen, sollte deshalb definitiv bekanntgemacht werden, daß – abgesehen von gewissen seltenen Ausnahmen – kein höherer Symbolismus in diese Karten hineingelesen werden darf. Ich habe bereits gesagt, daß die Kleinen Arkana nie in eine Sprache übersetzt wurden, welche die der Wahrsager transzendiert. In ihrer heute existierenden Form kann ich sie keinem anderen Bereich als diesem zuordnen; aber die Möglichkeiten im Bereich der Wahrsagerei und Zukunftsdeutung sind in der Tat unerschöpflich, denn die Kunst in ihrem theoretischen Aspekt und die Kombination der verschiedenen Auslegungssysteme bilden lediglich die Spitze eines Eisbergs von Bedeutungen, die man den dargestellten Emblemen nach Belieben zuordnen kann. Wenn die Bilder einer Kartenkombination über ihre gewohnten konventionellen Aussagen hinausgehen, sollten sie als Hinweise auf mögliche Entwicklungen in der vorgezeichneten Richtung verstanden werden; und dies ist einer der Gründe, warum die Kartenbilder der vier Reihen unserer Intuition einen großen Dienst erweisen können. Die simplen Zahlen und Titel der Karten reichen allein nicht aus, aber die Abbildungen sind wie Tore, die in unerwartete Kammern führen, oder wie eine Biegung auf der Landstraße, hinter der sich ein Blick auf weite Fernen auftut.

2

DIE KLEINEN ARKANA ODER VIER REIHEN

Hier wird jede Kategorie der Kleinen Arkana anhand der zugeordneten Bilder beschrieben und eine harmonische Zusammenfasssung ihrer Bedeutung aus allen vorhandenen Quellen aufgeführt.

Die Reihe der Stäbe
KÖNIG

Der Wesensnatur auf dieser Karte werden physisch und emotional folgende Eigenschaften zugeschrieben: dunkel, feurig, wendig, lebhaft, leidenschaftlich und nobel. Der König hält einen blühenden Stab aufrecht vor sich hin und trägt, wie alle vier Könige, eine Haube unter seiner Krone. Er hat eine Verbindung mit dem Löwensymbol auf dem Rücken seines Thrones.

Interpretationen: Ein dunkelhaariger Mann, freundschaftlich gesinnt, ein Landsmann, gewöhnlich verheiratet, ehrlich und gewissenhaft. Die Karte wird immer als Zeichen von Ehrbarkeit ausgelegt und kann Neuigkeiten anzeigen wie eine bevorstehende, unerwartete Erbschaft.

Umgekehrt: Wenn die einmal gezogene Karte umgedreht liegt, ist der Mann gut, aber streng; genügsam bis frugal, aber tolerant.

STÄBE
KÖNIGIN

Die Stäbe treiben durchweg grüne Blätter, denn die gesamte Reihe spricht von Lebendigkeit und Lebhaftigkeit. Die Persönlichkeit der Königin entspricht der des Königs in emotionaler und sonstiger Hinsicht, ist aber magisch anziehender.

Interpretationen: Eine dunkelhaarige Frau, vom Lande, freundlich, keusch, liebevoll, ehrenwert. Wenn die Karte neben ihr einen Mann darstellt, ist sie ihm wohlgesinnt; wenn eine Frauenfigur neben ihr liegt, ist sie an ihr interessiert. Außerdem: finanzielles Interesse oder Geschäftssinn.

Umgekehrt: Gut, sparsam, entgegenkommend, dienstbar. In bestimmten Positionen und in der Nachbarschaft anderer Karten mit derartigen Tendenzen bedeutet die auf den Kopf gestellte Karte auch Opposition, Eifersucht, sogar Betrug und Untreue.

STÄBE
RITTER

Er wirkt, als sei er auf Reisen, bewaffnet mit einem kurzen Stab, aber es handelt sich nicht um einen kriegerischen Auftrag, obwohl er eine Rüstung trägt. Er reitet an Hügeln oder Pyramiden vorbei. Die Bewegung des Pferdes ist ein Schlüssel zu dem Charakter des Ritters und verdeutlicht eine dringliche Angelegenheit oder Dinge, die mit plötzlichen Veränderungen zusammenhängen.

Interpretationen: Abreise, Abwesenheit, Flucht, Emigration. Ein junger Mann mit dunklen Haaren, freundlich. Wohnungswechsel.

Umgekehrt: Umsturz, Trennung, Unterbrechung, Unstimmigkeit.

STÄBE
PAGE

In einer ähnlichen Landschaft wie auf der vorherigen Karte steht ein junger Mann und kündet von einem Ereignis. Er ist ein uns fremder, aber treuer Vasall, und seine Kundgebungen sind wundersam.

Interpretationen: Ein dunkelhaariger junger Mann, treu, ein Liebhaber, ein Abgesandter, ein Briefträger. Wenn die Karte neben einer Männerfigur liegt, hat der Page Gutes über ihn zu berichten. Wenn er von dem Pagen der Kelche gefolgt wird, handelt es sich um einen gefährlichen Rivalen. Generell besitzt der Page alle Grundeigenschaften seiner Reihe. Er kann auch für Intelligenz in der Familie stehen.

Umgekehrt: Anekdoten, Mitteilungen, schlechte Nachrichten. Auch Unfähigkeit, sich zu entscheiden, und der damit verbundene Stabilitätsverlust.

STÄBE

ZEHN

Ein Mann wird vom Gewicht der zehn Stäbe in seinen Armen niedergedrückt.

Interpretationen: Die Karte hat viele Bedeutungen, die aber nicht immer korrespondieren. Interpretationen, in denen von Ehre und Vertrauenswürdigkeit gesprochen wird, lasse ich außen vor. Hauptsächlich spricht das Bild von Unterdrückung, aber auch von Reichhaltigkeit, Besitztum, jeder Art von Erfolg, die sich dann aber niederdrückend auswirken. Auch ist es eine Karte des falschen Scheins, der Verkleidung, des Verrats. Der Ort, auf den die Gestalt mit ihrer Last zusteuert, muß womöglich irgendwann unter den Stockschlägen leiden. Wenn die Neun der Schwerter auf diese Karte folgt, wird ein Erfolg vereitelt, und wenn es sich um eine gerichtliche Verhandlung dreht, ist ein Verlust gewiß.

Umgekehrt: Auseinandersetzungen, Schwierigkeiten, Intrigen, und was damit zusammenhängt.

Stäbe
NEUN

Die Figur lehnt sich auf ihren Stab und blickt sich erwartungsvoll um, als würde sie einen Feind in der Nähe vermuten. Dahinter ragen acht weitere Stäbe aus dem Boden: allesamt kerzengerade und ordentlich aufgereiht wie bei einem Zaun.

Interpretationen: Die Karte bedeutet Stärke im Angesicht von Widerständen. Im Fall einer Attacke wird mutig gekämpft. Der Körperbau des Mannes zeigt, daß er sich als formidabler Widersacher erweisen kann. Mit dieser Grundbedeutung gehen alle möglichen Variationen einher, wie Verzögerungen, Suspension, Vertagungen.

Umgekehrt: Hindernisse, Schwierigkeiten, Unglück.

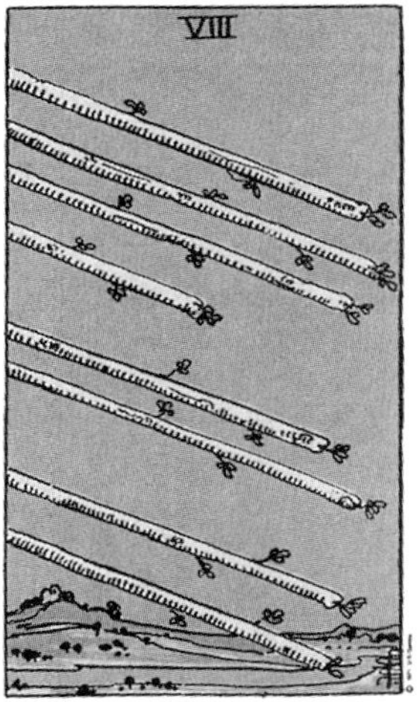

Stäbe
ACHT

Die Karte repräsentiert Bewegung durch das Unbewegliche – Stäbe fliegen durch das weite Land, aber auf ein nahes Endziel zu. Was sie erreichen wollen, ist nicht mehr fern, es könnte sogar in nächster Nähe sein.

Interpretationen: Aktivität bei einem Unternehmen, der Kurs, den diese Aktivitäten einschlagen, baldiges Erscheinen, wie bei einem Eilboten; große Hast, große Hoffnungen, rasche Bewegung zu einem Ziel mit sehr guten Aussichten. Generell alles, was fortschreitet; auch die Pfeile der Liebe.

Umgekehrt: Die Pfeilspitzen der Eifersucht, innerliche Gespaltenheit, die Stachel des schlechten Gewissens, Streit und häusliche Auseinandersetzungen bei verheirateten Personen.

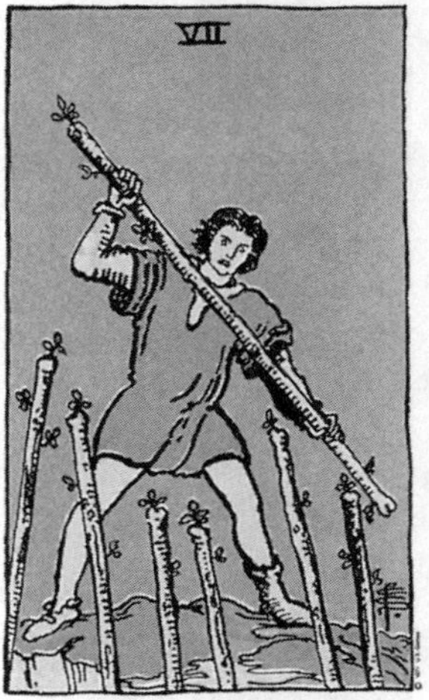

Stäbe
SIEBEN

Ein junger Mann auf einem Felsvorsprung hält einen Stab abwehrend sechs weiteren Stäben entgegen, die ihm von unten engegengehalten werden.

Interpretationen: Dies ist eine Karte des Heldenmuts, denn offensichtlich wird hier ein Einziger von sechs Widersachern attackiert, wobei der Eine jedoch die vorteilhafteste Position eingenommen hat. Auf der intellektuellen Ebene steht die Karte für Diskussionen, verbale Attacken; im Geschäftsleben für Verhandlungen, Geschäftsfeinde, Feilschen, Konkurrenz. Sie kann auch auf Erfolg hinweisen, weil der Bedrohte an der höchsten Stelle steht, wo ihn seine Feinde nicht unbedingt erreichen können.

Umgekehrt: Unsicherheit, Blamage, Sorgen. Auch eine Warnung vor Unentschiedenheit.

Stäbe
SECHS

Ein Reitersmann mit einem Lorbeerkranz auf dem Haupt trägt einen Stab mit einer Lorbeerkrone vor sich her. An seiner Seite marschieren Gefolgsleute mit weiteren Stäben.

Interpretationen: Die Gestaltung der Karte läßt mehrere Bedeutungen zu; an der Oberfläche ist dies der Triumph eines Siegreichen, aber es ist auch die Übermittlung einer wundervollen Nachricht, wie sie vom Kurier eines Königs überbracht werden könnte. Es ist Erwartung, gekrönt von der Erfüllung des eigenen Wunsches, die Krone der Hoffnung und so weiter.

Umgekehrt: Dräuendes Unbehagen, Angst, als stünde eine siegreiche Feindesmacht vor den Toren; Verrat, Untreue, als könnten die Tore dem Feind geöffnet werden; auch Verzögerung auf unbestimmte Zeit.

Stäbe
FÜNF

Eine Bande von Jugendlichen, die mit Stöcken herumfuchteln wie beim Sport oder einem Kampf. Der Krieg ist jedoch nur eingebildet, und die Bedeutungen der Karte sind dementsprechend.

Interpretationen: Imitation, wie zum Beispiel bei Kriegsspielen, aber auch Wettkämpfe und mühevolles Streben nach Reichtum und Glück. In diesem Sinne kann auch der Lebenskampf hineingelesen werden. Deshalb steht diese Karte manchmal auch für Gewinn, Gold und Luxus.

Umgekehrt: Rechtsstreit, Auseinandersetzungen, Täuschungen, Widersprüche.

STÄBE

VIER

Zwischen den Spitzen von vier großen Stäben im Vordergrund hängt eine festliche Blumengirlande. Zwei Frauengestalten winken mit Buketts. Eine Brücke über einem Burggraben führt zu einem alten, herrschaftlichen Haus.

Interpretationen: Ausnahmsweise sind alle sehr offensichtlich – Landleben, ein Zufluchtsort, eine Art Erntedankfest, häuslicher Friede, Übereinkunft, Harmonie, Reichtum und die Früchte all dieser Dinge.

Umgekehrt: Die Bedeutung bleibt unverändert; Wohlstand, Zuwachs, Frohsinn, Schönheit, Verschönerungen.

Stäbe
DREI

Ein gelassen wirkender, stattlich gekleideter Mann steht mit dem Rücken zu uns gekehrt auf einem Felsvorsprung und betrachtet Schiffe, die über das Meer segeln. Drei Stäbe sind in den Boden gepflanzt, und er lehnt sich kaum merklich an einen davon.

Interpretationen: Er symbolisiert etablierte Stärke, Unternehmungslust, Organisiertheit, Kommerz, Handlungsfähigkeit, Entdeckung. Die Schiffe auf dem Wasser gehören ihm und tragen seine Waren über das Meer. Die Karte steht auch für Kooperationsfähigkeit in geschäftlichen Dingen, als würde der erfolgreiche Kaufmann von seiner Höhe zu dir herüberblicken und dir Unterstützung zusagen.

Umgekehrt: Das Ende der Schwierigkeiten, ein Nachlassen oder eine Aufhebung der Widerstände; aber auch Anstrengungen und Enttäuschungen.

Stäbe
ZWEI

Ein großer Mann blickt von einer bewehrten Festung über Land und Meer. In seiner Rechten hält er einen Globus, in seiner Linken einen Stab, der auf der Burgzinne ruht. Ein weiterer Stab ist in einem Ring befestigt. Man beachte das kreuzförmige Emblem aus Rosen und Lilien links.

Interpretationen: Es gibt zwei Arten der Auslegung, die jedoch unvereinbar sind. Einerseits: Reichtum, Gewinn, eine Machtposition; andererseits: körperliche Schmerzen, Krankheit, Unglück, Trauer, Erniedrigung. Die Gestaltung der Karte gibt uns einen Hinweis: Hier blickt ein Burgherr abwechselnd auf seine Ländereien und die Weltkugel. Das Bild erinnert an die Lebensmüdigkeit, die tödliche Trauer und Niedergeschlagenheit von Alexander dem Großen inmitten der Grandiosität allen Reichtums dieser Welt.

Umgekehrt: Überraschung, ein Wunder, Entzücken, Gefühlsaufwallungen, Leid, Furcht.

STÄBE

AS

Aus einer Wolke tritt eine Hand hervor, die einen kräftigen Stock oder Stab umklammert.

Interpretationen: Schöpfung, Erfindungen, Unternehmungen und die Kräfte, aus denen dieselben hervorgehen. Das Grundprinzip, der Anfang, die Quelle. Geburt, Familie, Herkunft und in gewissem Sinne auch die Zeugungskraft, die diesen Dingen zugrundeliegt. Der Beginn eines Projekts. Einer anderen Auslegung zufolge auch Geld, Glück, eine Erbschaft.

Umgekehrt: Niedergang, Dekadenz, Ruin, Verlust, verloren gehen; auch eine bestimmte, umwölkte Art des Frohsinns.

Die Reihe der Kelche
KÖNIG

In seiner Linken hält der König ein kleines Zepter, in seiner Rechten einen großen Kelch. Sein Thron steht mitten im Meer. Auf der einen Seite segelt ein Schiff, und auf der anderen springt ein Delphin aus den Wellen. Impliziert ist, daß das Emblem der Kelche auf Wasser verweist, das deshalb auch in den folgenden Hofkarten zu sehen ist.

Interpretation: Ein blonder oder hellhäutiger Mann, ein Geschäftsmann, Rechtsgelehrter oder Kleriker. Zuverlässig, dem Fragesteller wohlgesonnen. Auch das Justizwesen, die Kunst und Wissenschaft, einschließlich der auf diesen Gebieten Berufstätigen. Schöpferische Intelligenz.

Umgekehrt: Unehrlich, ein doppelzüngiger Mann. Gaunerei, Geldeintreibung, Ungerechtigkeit, Laster, Skandal, Ausbeutung, beträchtlicher Verlust.

Kelche

KÖNIGIN

Anmutig, lieblich, versonnen wie eine, die Visionen in einem Pokal erblickt. Aber dies ist nur einer ihrer Aspekte, denn sie sieht nicht nur, sie handelt auch, und ihre Aktivitäten bilden den Nährstoff für ihren Traum.

Interpretationen: Gut, blonde Frau, ehrliche, hingebungsvolle Frauensperson, die dem Fragesteller gute Dienste erweisen wird. Liebevolle Intelligenz und deshalb die Gabe des Weitblicks. Erfolg, Freude, Vergnügen. Auch Weisheit, Tugend. Eine perfekte Ehefrau und gute Mutter.

Umgekehrt: Die Deutungen sind unterschiedlich. Eine gute Frau oder eine wohlsituierte Frau, der man jedoch nicht trauen kann. Eine perverse Frau. Laster, Entwürdigung, Verkommenheit.

Kelche
RITTER

Ein anmutiger Ritter, nicht auf dem Kriegspfad, reitet gelassen voran. Er trägt einen Flügelhelm zum Zeichen der Höhenflüge der Imagination, die dieser Karte manchmal zugeordnet werden. Er ist ebenfalls ein Träumer, wird aber von sinnlichen Eindrücken bei seinen Visionen verfolgt.

Interpretationen: Ankunft, Annäherung – manchmal von seiten eines Botschafters oder Kuriers. Vorstöße, Anträge, Einladungen, Versuchung.

Umgekehrt: Überlistung, Vortäuschung, gekünsteltes Verhalten, Schwindel, Doppelzüngigkeit, Betrug.

KELCHE
PAGE

Ein blonder, hübscher, leicht feminin wirkender Page mit einem feinsinnigen und konzentrierten Gesichtsausdruck betrachtet einen Fisch, der aus einem Kelch steigt, um den Pagen anzusehen. Hier nehmen die Bilder des eigenen Geistes Form und Gestalt an.

Interpretationen: Ein blonder junger Mann, der gute Dienste leisten will und mit dem der Fragesteller eine Verbindung aufnehmen wird. Ein studierter junger Herr. Neuigkeiten, eine Botschaft. Überlegung, Reflektion, Meditation und dieselben Dinge auf das Geschäftliche gerichtet.

Umgekehrt: Geschmack, Neigung, feste Bindung, Verführung, Täuschung, Künstlichkeit.

Kelche
ZEHN

Zehn Kelche erscheinen in einem Regenbogen und werden mit Staunen und ekstatischer Freude von einem Mann und einer Frau begrüßt. Er hat ihr den rechten Arm um die Taille gelegt; seine Linke ist erhoben. Sie streckt ihren rechten Arm aus. Die Kinder haben das Himmelszeichen nicht wahrgenommen, vergnügen sich aber auf eigene Art. Im Hintergrund liegt ein heimatliches Anwesen.

Interpretationen: Zufriedenheit, von ganzem Herzen wunschlos glücklich sein. Die Vollkommenheit dieses Zustands. Auch die höchste Blüte menschlicher Liebe und Freundschaft. Wenn von mehreren Hofkarten begleitet, handelt es sich um eine Person, die sich den Interessen des Fragestellers widmen wird. Auch die Stadt, das Dorf oder Land, in dem der Fragesteller lebt.

Umgekehrt: Die Genugtuung eines falschen Herzens, Indigniertheit, Gewalt, Zwang.

Kelche
NEUN

Eine gutmütige Person hat sich offenbar alles, was das Herz begehrt, gegönnt, und hinter ihr stehen weitere Erquickungen in Form von Weinkelchen auf einem gebogenen Tisch, als wäre auch die Zukunft schon vollauf gesichert. Das Bild spricht nur vom materiellen Wohlergehen, aber es sind auch andere Aspekte vorhanden.

Interpretationen: Übereinstimmung, Befriedigung, leibliches Wohlergehen. Auch Sieg, Erfolg, Vorteil, ein guter Ausgang für den Fragesteller oder die Person, für die das Orakel befragt wird.

Umgekehrt: Wahrheit, Loyalität, Freiheit; aber die Auslegungen variieren und schließen Irrtümer, Unvollkomenheiten etc. ein.

KELCHE
ACHT

Ein niedergeschlagen wirkender Mann läßt die Kelche seines Glücks, Geschäfts oder sonstigen früheren Unternehmens hinter sich zurück.

Interpretationen: Die Karte spricht für sich, aber andere Auslegungen sind gegenteilig, wie etwa Freude, milde Gesinnung, Schüchternheit, Ehrbarkeit, Bescheidenheit. In der Praxis stellt sich normalerweise heraus, daß etwas nicht klappt oder daß etwas, das für wichtig gehalten wurde, in Wirklichkeit kaum eine Bedeutung hat – weder zum Guten noch zum Schlechten.

Umgekehrt: Große Freude, Glück, ein Grund zum Feiern.

Kelche
SIEBEN

Seltsame Visionen entfliehen den sieben Kelchen, aber die Bilder entspringen ureigentlich dem phantasierenden Geist.

Interpretationen: Wundersame Fügungen, Gesichte, Einbildungen, Sentimentalität, Imagination, Dinge, die im Glas der Kontemplation gesehen werden. Ein gewisser Gewinn, der daraus gewonnen wird, aber nichts Dauerhaftes oder Substantielles.

Umgekehrt: Begehren, Wollen, Entschiedenheit, Projekte.

Kelche
SECHS

Kinder in einem alten Garten; ihre Kelche sind mit Blumen gefüllt.

Interpretationen: Eine Karte der Vergangenheit und der Erinnerungen. In der Zeit zurückblicken, wie zum Beispiel auf die Kindheit. Glücklichsein, Genuß, aber aus der Vergangenheit kommend. Dinge, die entschwunden sind. Eine andere Auslegung verkehrt diesen Sinn: neue Bekanntschaften, neues Wissen, neue Umgebung, aber dann befinden die Kinder sich an einem wildfremden Ort.

Umgekehrt: Die Zukunft, Erneuerung, etwas, das sehr bald geschehen wird.

KELCHE
FÜNF

Eine dunkle, verhüllte Gestalt wirft einen schrägen Blick auf drei umgestürzte Kelche und sieht nicht, daß zwei weitere Kelche hinter ihr stehen. Eine Brücke im Hintergrund führt zu einer kleinen Festung oder einem Landsitz.

Interpretationen: Es ist eine Karte des Verlusts, aber etwas bleibt dennoch erhalten. Drei sind genommen worden, und zwei sind übriggeblieben. Die Karte spricht von einer Hinterlassenschaft, von Vaterschaft und Übertragungen, aber nicht den Erwartungen entsprechend. Manche Kartenleser sehen eine Heirat, die jedoch nicht ohne Bitterkeit und Frustration verlaufen wird.

Umgekehrt: Neuigkeiten, Allianzen, Affinität, geteilte Freude, die Ahnen, Rückkehr, falsche Projekte.

Kelche
VIER

Ein junger Mann sitzt unter einem Baum und betrachtet sinnend drei Kelche im Gras vor ihm. Ein Arm tritt aus einer Wolke hervor, um ihm einen weiteren Kelch zu reichen. Sein Ausdruck verrät eine gewisse Unzufriedenheit mit der Umgebung.

Interpretationen: Lustlosigkeit, Abscheu, Abneigung, eingebildete Probleme, als hätte das Trinken vom Wein dieser Welt nur Überdruß verursacht. Dem Übersättigten wird nun ein anderer Wein wie von Feenhand dargeboten, aber er findet keinen Trost darin. Dies ist auch eine Karte des mit Trübsal gemischten Vergnügens.

Umgekehrt: Etwas Neues, Verheißung, neue Instruktion, neue Beziehungen.

KELCHE
DREI

Jungfrauen tanzen im Garten mit hocherhobenen Kelchen. Sie prosten sich zu, als würden sie sich gegenseitig etwas versprechen.

Interpretationen: Eine Sache findet einen höchst zufriedenstellenden Abschluß, Perfektion, Jubel, ein Glückstreffer, Sieg, Erfüllung, Trost, Heilung.

Umgekehrt: Expedition, fortgeschickt werden, eine Leistung vollbringen, Beendung. Auch Ausschweifungen körperlicher Art und Sinnesreize.

KELCHE
ZWEI

Ein junger Mann und ein Mädchen geben sich ein gegenseitiges Versprechen. Über ihren Kelchen steigt der Caduceus von Hermes empor, und zwischen den großen Flügeln desselben erscheint ein Löwenkopf. Hierbei handelt es sich um eine Variation des Zeichens, das in einigen, sehr alten Beispielen für diese Karte gefunden und mit recht merkwürdigen Bedeutungen belegt wurde, welche uns an dieser Stelle jedoch nicht weiter tangieren.

Interpretationen: Liebe, Leidenschaft, Freundschaft, Zuneigung, Vereinigung, Übereinstimmung, Sympathie, die wechselseitige Beziehung zwischen den Geschlechtern, und – als ein Hinweis ohne jeden Bezug zur Zukunftsdeutung – jenes Streben und Sehnen, das nicht in der Natur ist, durch das die Natur jedoch geheiligt wird.

KELCHE
AS

Unten im Bild ist ein Gewässer mit Seerosen. Die geöffnete Hand kommt aus der Wolke und unterstützt den Kelch, dem fünf Fontänen entströmen. Eine Taube mit einer Hostie im Schnabel, auf der das Zeichen des Kreuzes zu sehen ist, steigt hernieder, um die Oblate in den Kelch zu tauchen. Wassertropfen fallen ringsumher herab. Es ist ein Hinweis auf das, was hinter dem Kleineren Arkana liegen mag.

Interpretationen: Das Haus des wahren Herzens, Seligkeit, Erfülltheit, Heim, Labsal, Fülle, Fruchtbarkeit. Heilige Tafel und das Glück, das darin liegt.

Umgekehrt: Das Haus eines falschen Herzens, Mutation, Unbeständigkeit, Revolution.

DIE REIHE DER SCHWERTER

KÖNIG

Er sitzt auf dem Thron, das blanke Schwert seines Urteilsvermögens gezogen, und richtet die Welt. Hierin gleicht er dem Symbol für die Gerechtigkeit in den Trumpfkarten, und er kann diese Tugend durchaus repräsentieren, aber mehr noch verfügt er über die Macht, von Amts wegen Urteile über Leben und Tod zu fällen.

Interpretationen: Alles, was im Zusammenhang mit Urteilen, Verurteilungen und Werturteilen steht, wie Macht, Befehlsgewalt, Autorität, militante Intelligenz, Gesetzgebung, Regierungsmächte und so fort.

Umgekehrt: Grausamkeit, Perversität, barbarisches Verhalten, Niedertracht, böse Absichten.

SCHWERTER
KÖNIGIN

Mit ihrer Rechten hält sie das Schwert kerzengerade in die Höhe, der Schwertgriff ruht auf der Armlehne ihres Throns. Mit der linken Hand vollführt sie eine einladende Geste. Sie wirkt streng, aber nicht überheblich, als sei sie mit Kummer und Sorgen vertraut. Ihr Gebaren repräsentiert jedoch kein Erbarmen, und trotz ihres Schwertes ist sie kein Machtsymbol.

Interpretationen: Witwentum, weibliche Trauer und Scham, Abwesenheit, Sterilität, Verlust, Trennung.

Umgekehrt: Bosheit, Heuchelei, Scheinheiligkeit, Prüderie, Rachsucht, Betrug.

SCHWERTER
RITTER

Er reitet in rasendem Galopp, als würde er seine Feinde vom Lande vertreiben. In dieser Darstellung wirkt er wie das Sinnbild des heldenhaften, romantischen Ritters. Fast wie Sir Galahad, dessen Schwert so rasch und zielsicher traf, weil er ein reines Herz besaß.

Interpretationen: Geschicklichkeit, Mut, Fähigkeit, Verteidigung, rasches Handeln, Feindschaft, Zorn, Krieg, Zerstörung, Opposition, Widerstand, Ruin. In gewissem Sinne repräsentiert die Karte demnach den Tod, aber nur, wenn sie in der Nähe von anderen Karten mit dementsprechender Bedeutung liegt.

Umgekehrt: Unvorsichtigkeit, Unfähigkeit, Extravaganz.

Schwerter
PAGE

Ein schlanker, wendiger Knabe hält ein Schwert mit beiden Händen in die Höhe und schreitet dabei raschen Schrittes voran. Er passiert zerklüftetes Terrain, und weiter vorn auf seinem Weg ballen sich Wolkentürme zusammen. Er ist wachsam und schaut sich immer wieder um, als erwarte er das Auftauchen eines Feindes in jedem Moment.

Interpretationen: Autorität, Überwachung, geheime Dienste, Wachsamkeit, Spionieren, Überprüfen und die damit verbundenen Eigenschaften.

Umgekehrt: Die maliziöseren Aspekte derselben Eigenschaften. Etwas Unvorhergesehenes; unvorbereitet sein. Auch Krankheit kann hier angezeigt werden.

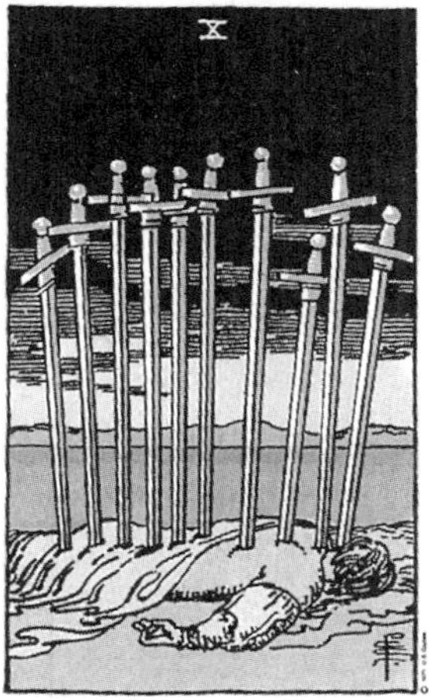

SCHWERTER
ZEHN

Eine am Boden ausgestreckte Gestalt wird von sämtlichen Schwertern der Kartenreihe durchbohrt.

Interpretationen: Alles, worauf die Gestaltung hinweist; auch Schmerzen, Erkrankung, Tränen, Trauer, Verzweiflung. Es ist nicht unbedingt ein gewaltsamer Tod angezeigt.

Umgekehrt: Vorteil, Profit, Erfolg, Anerkennung, aber keines davon ist beständig. Auch Macht und Autorität über etwas.

Schwerter
NEUN

Eine Person sitzt auf ihrem Ruhebett und lamentiert unter den neun Schwertern, die über ihr hängen. Es ist, als hätte sie noch nie ein vergleichbares Leid erfahren. Es ist eine Karte der absoluten Untröstlichkeit.

Interpretationen: Tod, Versagen, Fehlgeburt, Verzögerung, Betrug, Enttäuschung, Verzweiflung.

Umgekehrt: Gefangenschaft, Mißtrauen, Zweifel, begründete Angst, Schande.

SCHWERTER
ACHT

Eine Frau in Fesseln und mit verbundenen Augen wird von Schwertern umringt. Aber die Karte repräsentiert eher eine vorübergehende Notlage als eine lebenslange Gefangenschaft.

Interpretationen: Schlechte Neuigkeiten, gewaltsame Zustände, Krise, Zensur, Macht in Bedrängnis, Konflikte, Verleumdung. Auch Erkrankung.

Umgekehrt: Unruhe, Schwierigkeiten, Opposition, Unfall, Verrat. Etwas Unvorhergesehenes. Schicksalsschlag.

Schwerter
SIEBEN

Ein Mann ist im Begriff, fünf Schwerter eilends davonzuschleppen. Zwei weitere Schwerter bleiben jedoch im Boden stecken. In der Nähe ist ein Zeltlager aufgebaut.

Interpretationen: Absichten, Versuche, Wünsche, Hoffnung, Zuversicht. Auch Streitereien; ein Plan, der scheitern könnte, lästige Umtriebe. Die Gestaltung der Karte läßt verschiedene Bedeutungen zu, weil die Auslegungen weit auseinanderklaffen.

Umgekehrt: Guter Ratschlag, Instruktion, Hinweis, falscher Leumund, Klatsch.

SCHWERTER
SECHS

Ein Fährmann rudert Passagiere in seinem Boot zum anderen Ufer. Das Wasser ist glatt, die Fracht ist leicht, und so übersteigt die Arbeit nicht seine Körperkräfte.

Interpretationen: Eine Reise auf Wasserwegen, Route, ein Weg, ein Abgesandter, Beauftragter oder Kurier.

Umgekehrt: Deklaration, Geständnis, etwas wird veröffentlicht. Einer Auslegung zufolge handelt es sich um einen Liebesantrag.

Schwerter
FÜNF

Ein verächtlich lächelnder Mann schaut zu, wie zwei Gestalten den Rückzug antreten und sich ihrer Niedergeschlagenheit hingeben. Ihre Schwerter liegen am Boden. Der Sieger hat zwei Schwerter geschultert und hält ein weiteres in der rechten Hand. Er ist der Meister und beherrscht das Umfeld.

Interpretationen: Erniedrigung, Vernichtung, Rückzug, Schande, Ehrverlust; Verlust in all seinen Variationen und Analogien.

Umgekehrt: Dasselbe; Beerdigung und Trauerfeierlichkeiten.

SCHWERTER
VIER

Die Statue eines verstorbenen Ritters in Gebetshaltung liegt aufgebahrt auf seiner Gruft.

Interpretationen: Innenschau, Versenkung, Alleinsein, Kontemplation des Einsiedlers, Exil, Gruft und Sarg. Die letzteren Deutungen haben die Gestaltung der Karte beeinflußt.

Umgekehrt: Weiser Umgang, Behutsamkeit, Sparsamkeit, Geiz, vorbeugende Maßnahmen, Testament.

SCHWERTER
DREI

Drei Schwerter durchbohren ein Herz; Wolken und Regen im Hintergrund.

Interpretationen: Entfernung, Abwesenheit, Verzögerung, Trennung, Abbruch, Verlust und alles, worauf diese offensichtliche und einfache Bildgestaltung von sich aus hinweist.

Umgekehrt: Geistige Entfremdung, Irrtum, Verlust, Zerstreutheit, Unordnung, Verwirrung.

Schwerter
ZWEI

Eine weibliche Figur mit verbundenen Augen balanciert zwei Schwerter auf ihren Schultern.

Interpretationen: Konformität, Ausgewogenheit und somit ein Hinweis auf Mut, Freundschaft, Übereinkunft bei einem gemeinsamen Kampf. Einer anderen Auslegung zufolge Zärtlichkeit, Zuneigung, Intimität. Da die Schwerter generell keine positiven Einflüsse im menschlichen Leben symbolisieren, müssen günstige Auslegungen genauer erwogen werden.

Umgekehrt: Vortäuschung, Falschheit, Hinterlist, Untreue.

Schwerter
AS

Aus einer Wolke tritt eine Hand mit einem Schwert hervor, über dessen Spitze eine Krone schwebt.

Interpretationen: Triumph, Maßlosigkeit in jeder Hinsicht, Eroberung, Sieg der Gewalt. Die Karte repräsentiert ein Übermaß an Stärke, und dies in den Angelegenheiten der Liebe ebenso wie im Haß. Die Bedeutung der Krone könnte aber auch weit über alles hinausgehen, was normalerweise im Zusammenhang mit der Wahrsagerei verkündet wird.

Umgekehrt: Dieselben Bedeutungen, aber mit verheerenden Ergebnissen. Einer anderen Auslegung zufolge Empfängnis, Geburt, Beförderung, Überfluß.

Die Reihe der Pentakel
KÖNIG

Die Figur des Königs bedarf keiner näheren Beschreibung. Ein leicht düsterer Anflug im Gesicht läßt unter Umständen auf Mut und Entschiedenheit schließen, aber dies wird von einer gewissen Neigung zur Lethargie abgeschwächt. Das Symbol des Stierkopfs verlangt Beachtung, denn es wird mehrfach auf dem Thron wiederholt.

Das Wahrzeichen dieser Reihe: die Münze oder der Diskus wird durchweg mit einem eingravierten Pentagramm geschmückt, weil dieses die vier Elemente im menschlichen Wesen repräsentiert und zudem das fünfte, das diese vier beherrscht. Auf vielen alten Tarotkarten wurden die Pentakel mit Münzen, Geld, also den *Deniers* gleichgesetzt. Ich habe die Pentakel nicht erfunden und kein spezielles Anliegen zu vertreten, was ihre Auswahl betrifft. Die Summe der zugeordneten Interpretationen legte die Änderung nahe, weil die Karten dieser Reihe nicht unbedingt etwas mit Geldangelegenheiten zu tun haben.

Interpretationen: Ehrenhaftigkeit, einsichtsvolle Intelligenz, geschäftliche und intellektuelle Fähigkeiten, manchmal eine rechnerische oder mathematische Begabung und Erfolge auf verwandten Gebieten.

Umgekehrt: Laster, Schwäche, Häßlichkeit, Perversion, Korruption, Gefahr.

PENTAKEL
KÖNIGIN

Eine dunkelhaarige Frau, deren Eigenschaften mit dem Begriff »seelische Größe« zusammengefaßt werden können. Ihr Gesichtsausdruck zeigt den Ernst einer tiefschürfenden Intelligenz. Sie kontempliert ihr eigenes Symbol, und man kann sich vorstellen, daß sie Welten darin erblickt.

Interpretationen: Fülle, Luxus, Großzügigkeit, Herrlichkeit, Sicherheit, Freiheit.

Umgekehrt: Bosheit, Argwohn, Spannung, Angst, Mißtrauen.

Pentakel

RITTER

Er reitet ein langsames, ausdauerndes und schweres Pferd, das seinen eigenen Aspekten entspricht. Er zeigt sein Symbol vor, versenkt sich aber nicht hinein wie die Königin.

Interpretationen: Dienstbarkeit, Nutzbringendes, Interesse, Veranwortung, Aufrichtigkeit – alle auf der normalen, äußerlichen Ebene des Daseins.

Umgekehrt: Unbeweglichkeit, Faulheit, eine Gemütsruhe von dieser Art, Stagnation. Auch Interesselosigkeit, Entmutigung, Achtlosigkeit.

PENTAKEL
PAGE

Ein Jugendlicher betrachtet das Pentakel, das über seinen erhobenen Händen schwebt, mit unverhohlenem Interesse. Er bewegt sich langsam voran und achtet nicht auf seine Umgebung.

Interpretationen: Interesse, Studium, Lernen, Nachdenken. Eine andere Auslegung spricht von Neuigkeiten, Botschaften und den Überbringern derselben. Auch Reglementierung, Management.

Umgekehrt: Verschwendung, Zerstreuung, Genußsucht, Luxus. Ungünstige Nachrichten.

Pentakel
ZEHN

Ein Mann und eine Frau unterhalten sich unter einem Torbogen, welcher den Eingang zu einem Haus oder einem Anwesen bildet. Ein Kind steht daneben und blickt staunend auf zwei Hunde, die einen sitzenden Greis im Vordergrund anbetteln. Die Hand des Kindes liegt auf einem der Hunde.

Interpretationen: Gewinn, Reichtum, Familienangelegenheiten, Archive, Auszug, das Heim einer Familie.

Umgekehrt: Zufall, Unfall, Verlust, Raub, riskante Unternehmungen. Manchmal ein Geschenk, eine Mitgift, Pension.

PENTAKEL

NEUN

Eine Frau mit einem Falken auf dem Handgelenk steht inmitten einer wuchernden Fülle von Weinranken im Garten eines herrschaftlichen Hauses. Es ist ein weitläufiges Anwesen, das auf Überfluß in allen Dingen schließen läßt. Möglicherweise handelt es sich um ihren eigenen Besitz und ist somit ein Zeichen ihres materiellen Wohlergehens.

Interpretationen: Weiser Umgang, Sicherheit, Erfolg, Leistung, Zuverlässigkeit, Unterscheidungsvermögen.

Umgekehrt: Gaunerei, Täuschung, gescheitertes Projekt, Mißtrauen.

Pentakel

ACHT

Ein Steinmetz bei der Arbeit, deren Ergebnisse er in der Form von Trophäen zur Schau stellt.

Interpretationen: Arbeit, Anstellung, Auftrag, Handwerk, handwerkliche und geschäftliche Fähigkeiten, vielleicht noch im Stadium der Entwicklung.

Umgekehrt: Gescheiterte Ambition, Eitelkeit, Habgier, unmäßige Forderung, Ausnutzung. Es kann auch eine intellektuelle Fähigkeit im Sinne von Listenreichtum und Intriganz sein.

PENTAKEL
SIEBEN

Ein junger Mann stützt sich auf einen Stab und betrachtet sieben Pentakel, die auf einem Gebüsch zu seiner Rechten gedeihen. Man könnte diese für seine von Herzen geliebten Schätze halten, so aufmerksam ist sein Blick.

Interpretationen: Die Deutungen sind äußerst widersprüchlich. Hauptsächlich ist dies eine Karte des Geldes, Geschäfts oder Handels, aber eine andere Auslegung spricht von Auseinandersetzungen und Streit – und eine weitere von Unschuld, Erfindungsgabe, Läuterung.

Umgekehrt: Grund zur Sorge in bezug auf Geld, welches eventuell ausgeliehen werden soll.

PENTAKEL
SECHS

Ein Mann, der wie ein Händler gekleidet ist, wiegt Münzen auf einer Waage ab und verteilt sie an die Armen und Bedürftigen. Seine gute Tat zeugt von seinem Erfolg im materiellen Leben und zugleich auch von Herzensgüte.

Interpretationen: Geschenke, Gewinne, Zufriedenstellung. Ein anderer Kommentar erwähnt Aufmerksamkeit, Wachsamkeit; »jetzt ist die richtige Zeit gekommen«, bereits existierender Wohlstand etc.

Umgekehrt: Begehren, Raffgier, Neid, Eifersucht, Illusion.

Pentakel

FÜNF

Zwei heimatlose Bettler wandern im Schneegestöber an einem hell erleuchteten Fensterflügel vorbei.

Interpretationen: Die Karte sagt vor allen Dingen materielle Schwierigkeiten voraus, sei es in der hier dargestellten Form der vollkommenen Mittellosigkeit oder in einer anderen. Für manche Kartenleger dreht es sich hier um Liebe und geliebte Menschen – Ehepartner, Freunde, Liebhaber; auch Übereinstimmung, Affinitäten. Diese Alternativen können absolut nicht in Einklang gebracht werden.

Umgekehrt: Unordnung, Chaos, Ruin, Dissonanz, Laster, Verworfenheit.

Pentakel
VIER

Ein gekrönter Bürger mit einem Pentakel über seiner Krone hält ein zweites mit beiden Armen und Händen fest. Auf zwei weitere Pentakel hat er die Füße gesetzt. Er klammert sich an seinen Besitz.

Interpretationen: Sichergestellter Besitz oder Sicherheit im Besitz finden, Festhalten am einmal Erreichten, Geschenk, Hinterlassenschaft, Erbgut.

Umgekehrt: Unerträgliche Spannung, Verzögerung, Widerstände.

Pentakel
DREI

Ein Steinmetz bei der Arbeit an einem Klostergebäude. Vergleiche dieses mit dem Bild auf der Karte »Acht der Pentakel«. Der dort abgebildete Lehrling oder Amateur hat hier offenbar seinen Meisterbrief erhalten und ist jetzt ernstlich bei der Arbeit.

Interpretationen: Métier, Handel, Handwerk. Meistens wird die Karte jedoch als ein Hinweis auf Nobilität, Aristokratie, Anerkennung und Ruhm gedeutet.

Umgekehrt: Durchschnittlichkeit – in der Arbeit und anderswo, kindisches Verhalten, Kleinlichkeit, Schwäche.

PENTAKEL
ZWEI

Ein junger Mann tanzt mit einem Pentakel in jeder Hand, wobei die beiden Pentakel durch die endlose Schnur in Form der liegenden Zahl 8 miteinander verbunden sind.

Interpretationen: Einerseits wird dies als eine Karte des Frohsinns und der Zerstreuung mit allem, was dazu gehört, verstanden, wie auch aus diesem Bild hervorgeht; andererseits wird sie folgendermaßen gedeutet: Neuigkeiten, schriftliche Kundgebungen, Hindernisse, Aufregung, Schwierigkeiten, Verwicklungen.

Umgekehrt: Erzwungene Freude, vorgetäuschter Genuß, buchstäblicher Sinn, Handschrift, Komposition, Briefwechsel.

PENTAKEL
AS

Eine Hand tritt – wie üblich – aus einer Wolke hervor und hält ein leuchtendes Pentakel in die Höhe.

Interpretationen: Vollkommene Zufriedenheit, Glücklichsein, Ekstase, auch wendige Intelligenz. Gold.

Umgekehrt: Die üble Seite des Reichtums, bösartige Intelligenz; auch enorme Gewinne. In jedem Fall Überfluß, komfortable materielle Umstände, aber ob diese dem Besitzer zum Vorteil gereichen, hängt davon ab, ob die Karte auf dem Kopf steht oder nicht.

Soviel zu den generellen Aussagen der Kleinen Arkana, wie sie im Bereich der Zukunftsdeutung benutzt werden, wobei noch hinzugefügt werden sollte, daß die Kunst des Wahrsagens offenbar von zwei Fähigkeiten abhängt, die ich hier kurz besprechen will. Die überlieferten Deutungen des Tarot beruhen theoretisch alle auf in der Vergangenheit gemachten Erfahrungen mit den Karten, und insofern beziehen diese Deutungen sich auf Inhalte im Gedächtnis des Kartenlesers, und nur eine Person, die diese Inhalte korrekt gespeichert hat – noch immer *ex hypothesi* – mag darauf beruhende Interpretationen von sich geben. Es handelt sich somit um eine amtliche und automatische Vorgehensweise. Auf der anderen Seite stehen Wahrsager mit intuitiven Gaben, ausgestattet mit den Talenten der Hellsicht oder Voraussicht – wie man es auch nennen will - und diese benutzen die Karten als Vorwand, um ihre eigenen Einsichten an die Stelle der überlieferten, allgemeingültigenen Erfahrungen zu setzen.

Es verbleibt mir, die geläufigsten Stichworte zu den Trumpfkarten aufzuführen, wie sie von den Orakeln beider oben aufgeführten Klassen interpretiert wurden.

3

DIE GROSSEN ARKANA UND IHRE ORAKEL

1. DER MAGIER – Geschicklichkeit, Diplomatie, Huldigung, Subtilität; Krankheit, Schmerz, Verlust, Katastrophe, Feindeslist; Selbstbewußtsein, Willenskraft; der Fragesteller, wenn es sich um einen Mann handelt, der das Tarot konsultiert. *Umgekehrt*: Arzt, Zauberer, Geisteskrankheit, Schande, Unruhe.

2. DIE HOHEPRIESTERIN – Geheimnisse, Rätselhaftes, die noch unbekannte Zukunft; die Frau, an der ein männlicher Fragesteller interessiert ist. Die Fragestellerin, wenn es sich um eine Frau handelt. Stille, Ausdauer; Mysterium, Weisheit, Wissenschaft. *Umgekehrt*: Leidenschaft, moralische oder physische Prüfung, Selbstherrlichkeit, oberflächliches Wissen.

3. DIE HERRSCHERIN – Früchte tragen, Aktion, Initiative, zeitliche Dauer; das Unbekannte, das Geheimgehaltene; auch Schwierigkeit, Zweifel, Ignoranz. *Umgekehrt*: Licht, Wahrheit, eine Lösung zur Zufriedenheit aller Beteiligten, öffentlicher Jubel. Einer anderen Auslegung zufolge schwankendes Verhalten.

4. DER HERRSCHER – Stabilität, Macht, Schutz, Verwirklichung; eine einflußreiche Person; Hilfe, Vernunft, Überzeugung; auch Autorität und Wille. *Umgekehrt*: Wohltäter, Nächstenliebe, Anerkennung. Auch die Verwirrung der Feinde, Verhinderung, Unreife.

5. DER HIEROPHANT – Heirat, Verbindung, Gefangenschaft, Dienstbarkeit. Einer anderen Auslegung zufolge Gnade und Güte; Inspiration; der Mann, bei dem der Fra-

gesteller Zuflucht findet. *Umgekehrt*: Gesellschaft, Verständnisinnigkeit, Übereinkunft, übertriebene Freundlichkeit, Schwäche.

6. DIE LIEBENDEN – Anziehung, Liebe, Schönheit, überstandene Schwierigkeiten. *Umgekehrt*: Versagen, närrische Absichten und Pläne. Einer anderen Deutung zufolge eine vereitelte Eheschließung und Widerstände aller Art.

7. DER WAGEN – Trost, Beistand, Schicksalsfügung; auch Krieg, Triumph, Anmaßung, Rache, Schwierigkeiten. *Umgekehrt*: Aufstand, Streit, Kampf, Gerichtsverfahren, Niederlage.

8. KRAFT – Macht, Energie, Aktion, Mut, Großherzigkeit; auch absoluter Erfolg und Ehrbarkeit. *Umgekehrt*: Tyrannei, Mißbrauch der Macht, Schwäche, Unstimmigkeit, manchmal sogar Schande.

9. DER EREMIT – Vorsicht, Umsicht, weise Voraussicht; auch, und insbesondere, Verrat, Verheimlichung, Heuchelei, Korruption. *Umgekehrt*: Verheimlichung, Verkleidung, Politik, Angst, Zaghaftigkeit, unvernünftige Zurückhaltung.

10. RAD DES SCHICKSALS – Schicksalhafte Ereignisse, Glückstreffer, Erfolg, Erhöhung, Geldsegen, Glückseligkeit. *Umgekehrt*: Ausdehnung, Reichtum, Überfluß.

11. GERECHTIGKEIT – Ausgewogenheit, Richtigkeit, Rechtschaffenheit, leitend, vollstreckend; Triumph des Gerechten in Sachen der Justiz. *Umgekehrt*: Gerichtliche Angelegenheiten, legale Komplikationen, Heuchelei, Vorurteile, übertriebene Strenge.

12. DER GEHÄNGTE – Weisheit, Umsicht, Unterscheidungsvermögen, Prüfungen, Opfer, Intuition, Einsicht, Prophezeiung. *Umgekehrt*: Selbstsucht, eine uneinsichtige Menschenmenge, Massenpolitik.

13. TOD – Ende, Sterblichkeit, Vernichtung, Korruption; für einen Mann auch der Verlust eines Wohltäters; für eine Frau: viele Widerstände; für ein junges Mädchen: ver-

eitelte Heiratspläne. *Umgekehrt*: Lähmung, Schlaf, Lethargie, Versteinerung, Traumwandlerei; zerstörte Hoffnung.

14. MÄSSIGKEIT – Ökonomie, Maßhalten, Frugalität, Management, Anpassung, Gefälligkeit. *Umgekehrt*: Kirchliche Angelegenheiten, Religionen, Sekten, die Priesterschaft, manchmal tatsächlich auch ein Priester, der die Fragestellerin heiraten wird. Auch Entzweiung, ungünstige Kombinationen, konkurrierende Interessen.

15. DER TEUFEL – Vernichtung, Gewalt, Vehemenz, außergewöhnliche Anstrengung, Brutalität, Tod. Etwas Schicksalhaftes, aber nicht unbedingt Böses. *Umgekehrt*: Böser Ausgang, Schwäche, Kleinlichkeit, Blindheit.

16. DER TURM – Unglück, Verzweiflung, Armut, Widerstände, Katastrophe, Schande, Betrug, Ruin. Deutet in erster Linie auf ein unvorhergesehenes Unglück hin. *Umgekehrt*: Einer Auslegung zufolge dasselbe wie oben, nur in geringerem Maße. Auch Unterdrückung, Gefangenschaft, Tyrannei.

17. DER STERN – Verlust, Diebstahl, Entzug, Verlassenwerden. Eine andere Auslegung spricht von Hoffnung und überaus günstigen Aussichten. *Umgekehrt*: Arroganz, Hochmut, Impotenz, Unfähigkeit.

18. DER MOND – Verborgene Feinde, Gefahr, Verleumdung, Umnachtung, Terror, Täuschung, okkulte Mächte, Irrtum. *Umgekehrt*: Unsicherheit, Unbeständigkeit, Stille, ein geringeres Maß an Betrug und Irrtum.

19. DIE SONNE – Materielles Glück, Wohlstand, glückliche Heirat, Zufriedenheit. *Umgekehrt*: Das gleiche in geringerem Maße.

20. DAS GERICHT – Eine Änderung der Position, Erneuerung, das Ergebnis einer Sache. Eine andere Auslegung konstatiert einen totalen Bankrott durch Gerichtsverfahren. *Umgekehrt*: Schwäche, Kleinmütigkeit, Verzagtheit, Einfachheit; auch Verhandlung, Entscheidung, Verurteilung.

NULL. DER NARR – Idiotie, Manie, Extravaganz, Trunkenheit, Delirium, Übereiltheit, Kopflosigkeit. *Umgekehrt*: Fahrlässigkeit, Abwesenheit, Zerstreuung, Sorglosigkeit, Apathie, Nichtswürdigkeit, eitler Wahn.

21. DIE WELT – Garantierter Erfolg, Rückerstattung, Reise, Route, Emigration, Flucht, Ortswechsel. *Umgekehrt*: Bewegungsunfähigkeit, Festgelegtheit, Stagnieren, Dauerhaftigkeit.

Wie man sieht, haben die Vertreter der wahrsagenden Künste den Trumpfkarten nur artifizielle und, wie mir scheint, im höchsten Grade willkürliche Bedeutungen entnehmen können, wenn man von einigen Bildern mit einer unwiderstehlichen Oberflächenbedeutung absieht. Aber die Mysterien des Lichts gehören einer Ordnung an und die Mysterien der Phantasie einer anderen. Die Tatsache, daß diesen Karten ein zukunftsdeutender Aspekt unterstellt wurde, ist die Geschichte einer fortwährenden Impertinenz.

4

WEITERE INTERPRETATIONEN ZU DEN KLEINEN ARKANA

STÄBE.

König – Generell günstig; kann eine gute Ehe bedeuten. *Umgekehrt*: Ein Rat, der befolgt werden sollte.

Königin – Eine gute Ernte – was in verschiedenem Sinne ausgelegt werden kann. *Umgekehrt*: Guter Wille wird dem Fragesteller entgegengebracht, aber es mangelt an einer Gelegenheit, diesen zu beweisen.

Ritter – Eine schlechte Karte; manchen Deutungen zufolge Entfremdung. *Umgekehrt*: Heirat für eine Frau, aber wahrscheinlich eine ungünstige Ehe.

Page – Junger Mann aus guter Familie auf der Suche nach einer Herzensdame. *Umgekehrt*: Schlechte Nachrichten.

Zehn – Schwierigkeiten und Widersprüche, wenn in der Nähe einer guten Karte.

Neun – Generell eine schlechte Karte.

Acht – Ehestreit im Falle von verheirateten Personen.

Sieben – Ein dunkelhaariges oder dunkelhäutiges Kind.

Sechs – Dienstboten könnten das Vertrauen ihrer Herrschaften verlieren; eine junge Dame könnte von einem Freund betrogen werden. *Umgekehrt*: Erfüllung einer langgehegten Hoffnung.

Fünf – Erfolg bei finanziellen Spekulationen. *Umgekehrt*: Streitereien können zum Vorteil des Fragestellers manipuliert werden.

Vier – Unerwarteter Glücksfall. *Umgekehrt*: Eine verheiratete Frau wird blonde Kinder zur Welt bringen.

Drei – Eine sehr gute Karte; Kollaboration wirkt sich günstig auf ein Unternehmen aus.

Zwei – Eine junge Dame kann sich auf Enttäuschungen gefaßt machen, die aber nicht sonderlich gravierend sind.

As – Unglücksfälle aller Art. *Umgekehrt*: Ein Zeichen für eine bevorstehende Geburt.

Kelche.

König – Warnung vor den bösen Absichten eines Mannes von hohem Rang, desgleichen vor einem Heuchler, der vorgibt, helfen zu wollen. *Umgekehrt*: Verlust.

Königin – Kann manchmal eine Frau von zweifelhaftem Charakter bedeuten. *Umgekehrt*: Eine reiche Ehefrau für einen Mann, und eine distinguierte Heirat für eine Frau.

Ritter – Ein Besuch von einem Freund, der unerwarteten Geldsegen ins Haus bringt. *Umgekehrt*: Unregelmäßigkeit.

Page – Gutes Zeichen. Auch ein junger Mann, der unglücklich verliebt ist. *Umgekehrt*: Hindernisse aller Art.

Zehn – Eine gute Ehe, die die Erwartungen eines männlichen Fragestellers sogar übertrifft. *Umgekehrt*: Anlaß zur Trauer; auch ein ernstlicher Streit.

Neun – Ein gutes Omen für Angehörige des Militärs. *Umgekehrt*: Gute Geschäfte.

Acht – Heirat und Ehe mit einer schönen, blonden Frau. *Umgekehrt*: Vollkommene Befriedigung.

Sieben – Blondes, hübsches Kind; Idee, Plan, Entscheidung, Fortbewegung. *Umgekehrt*: Erfolg, falls dies von der »Drei der Kelche« begleitet wird.

Sechs – Erfreuliche Erinnerungen. *Umgekehrt*: Baldige Erbschaft.

Fünf – Generell günstig; eine gute Heirat; auch Vaterschaft, Hinterlassenschaften, Geschenke, Erfolg bei Projekten. *Umgekehrt*: Rückkehr eines lange vermißten Verwandten.

Vier – Widerstände, Unbill. *Umgekehrt*: Vorurteile.

Drei – Unerwartete Beförderung für einen Angehörigen des Militärs. *Umgekehrt:* Trost, Heilung, Abschluß einer Angelegenheit.

Zwei – Günstig im Bereich der Unterhaltung, Liebe und des Geschäfts. Auch Reichtum und Ehre. *Umgekehrt*: Leidenschaft.

As – Unbeugsamer Wille, unumstößliches Gesetz. *Umgekehrt*: Unvermuteter Stellenwechsel.

Schwerter.

König – Ein Jurist, Senator, Arzt. *Umgekehrt*: Ein böser Mann; auch eine Warnung, ein ruinöses Gerichtsverfahren eiligst zu beenden.

Königin – Eine Witwe. *Umgekehrt*: Eine böse Frau.

Ritter – Ein Soldat, militanter Mann, Handlanger, Söldner. Eine heroische Tat wird für einen Soldaten vorausgesehen. *Umgekehrt*: Streit mit einer ignoranten Person; Kampf mit einer Rivalin und Sieg, wenn für eine Frau gelesen.

Page – Eine indiskrete Person mischt sich in die geheimen Angelegenheiten des Fragestellers ein. *Umgekehrt*: Überraschende Neuigkeiten.

Zehn – Falls vom As und dem »König der Schwerter« gefolgt, ist Gefangenschaft angezeigt. Für ein Mädchen oder eine Ehefrau ist es ein Verrat durch die eigenen Freunde. *Umgekehrt*: Sieg und großer Gewinn für einen Soldaten im Krieg.

Neun – Ein Kirchenmann, ein Priester. Generell ein schlechtes Omen. *Umgekehrt*: Guter Grund, einer zweifelhaften Person zu mißtrauen.

Acht – Für eine Frau: skandalöse Gerüchte werden über sie verbreitet. *Umgekehrt*: Abreise eines Verwandten.

Sieben – Dunkelhaariges Mädchen; eine gute Karte; sie verspricht ein Leben auf dem Lande, nachdem ein Anspruch gesichert wurde. *Umgekehrt*: Guter Rat, der wahrscheinlich aber nicht befolgt wird.

Sechs – Eine angenehme Reise. *Umgekehrt*: Ungünstiges im Zusammenhang mit einem Gerichtsverfahren.

Fünf – Ein Angriff auf den Wohlstand und das Glück des Fragestellers. *Umgekehrt*: Ein Anlaß zur Reue und Trauer.

Vier – Eine ungünstige Karte, aber wenn sie auf dem Kopf steht, ist ein gewisser Erfolg angezeigt, falls die Sache mit Weisheit gehandhabt wird. *Umgekehrt*: Milder Erfolg dank weiser Handhabung.

Drei – Für eine Frau: vom Liebhaber verlassen werden. *Umgekehrt*: Der Fragesteller begegnet einer Person, die er vorher kompromittiert hat. Auch eine Nonne.

Zwei – Geschenke für eine Dame; Schutz von einflußreicher Seite für einen hilfesuchenden Mann. *Umgekehrt:* Umgang mit Halunken, Gaunern.

As – Enormer Reichtum oder immenses Leid. *Umgekehrt*: Für eine Frau: eine abgebrochene Beziehung oder Ehe aufgrund ihrer eigenen Unvorsichtigkeit.

PENTAKEL.

König – Ein etwas düsterer, oft auch dunkelhaariger Mann, ein Kaufmann, Meister, Professor. *Umgekehrt*: Ein alter und niederträchtiger Mann.

Königin – Eine seriöse Frau; Geschenke von einem reichen Verwandten. Reiche und glückliche Heirat für einen jungen Mann. *Umgekehrt*: Eine Krankheit.

Ritter – Ein nützlicher Mann; nutzbringende Entdeckungen. *Umgekehrt*: Ein mutiger, aber arbeitsloser Mann.

Page – Ein dunkelhaariger Jugendlicher; ein junger Offizier oder Soldat. Ein Kind. *Umgekehrt*: Manchmal Erniedrigung und manchmal Ausbeutung.

Zehn – Repräsentiert das Haus oder den Familiensitz und bezieht ihre Bedeutung aus anderen Karten. *Umgekehrt*: Eine Angelegenheit, die Glück oder auch andere Dinge verspricht.

Neun – Prompte Erfüllung der Dinge, die von den benachbarten Karten angezeigt werden. *Umgekehrt*: Nutzlose Hoffnungen.

Acht – Ein junger Mann, der geschäftliche Interessen vertritt und eine Beziehung zum Fragesteller hat. Ein dunkelhaariges Mädchen. *Umgekehrt*: Der Fragesteller wird bei einer Angelegenheit des Geldverleihens kompromittiert.

Sieben – Eine verbesserte Position für den zukünftigen Ehemann einer Dame. *Umgkehrt:* Ungeduld, Besorgtheit, Mißtrauen.

Sechs – Man kann sich nicht auf das momentan Gültige verlassen. *Umgekehrt*: Die Ambitionen des Fragestellers werden frustriert.

Fünf – Für einen Junggesellen: gute Nachrichten von einer Dame. *Umgekehrt*: Beobachtung, Hindernisse.

Drei – Für einen Mann: Ruhm für seinen ältesten Sohn. *Umgekehrt*: Bedeutung hängt von benachbarten Karten ab.

Zwei – Die Schwierigkeiten sind mehr eingebildet als real. *Umgekehrt*: Schlechtes Omen, Ignoranz, Ungerechtigkeit.

As – Die günstigste von allen Karten. *Umgekehrt*: Ein Anteil an einem neuentdeckten Schatz.

Es fällt auf, daß (1) diese *additamenta* kaum eine Beziehung zu den Abbildungen auf den ihnen zugeordneten Karten haben, weil die Kartengestaltung in diesem neuen Tarot durchweg von den bedeutungsvolleren spekulativen

Aspekten inspiriert wurde; (2) auch stimmen die eben aufgeführten Interpretationen nur selten mit den vorher im Text erklärten Kartenbedeutungen überein. Alle Interpretationen existieren quasi unabhängig voneinander, und jede davon kann vom Platz der jeweiligen Karte in der Sequenz abgeschwächt, akzentuiert oder modifiziert und manchmal sogar sinngemäß in ihr Gegenteil verkehrt werden.

Bei Dingen wie diesen ist kaum eine Grundlage für eine fundierte Kritik vorhanden. Nun verliert jedes System von Natur aus sein Standbein, je weiter es sich von Allgemeinplätzen fortbewegt und gültige Aussagen über präzise Einzelheiten machen will; und was die überlieferten Aussagen der professionellen Kartenleser betrifft, so haben wir es sicher mehr mit dem Auswurf zu tun als mit erfahrungsgemäß Fundiertem. Außerdem haben Weissagungen kaum einen praktischen Nutzen, es sei denn, sie verwandeln etwas universell Gültiges in etwas Persönliches und Spezielles, was eine gewisse Intuition oder Hellsichtigkeit voraussetzt. In dem Maße, in dem dieses Talent bei einem Kartenleser vorhanden ist, werden die detaillierten Interpretationen der früheren Autoritäten gewöhnlich fallengelassen, um den persönlichen Eingebungen zu einer Karte oder Sequenz den Vorrang einzuräumen.

Dies wurde bereits erwähnt. Und nun soll offenbar noch mit den nachfolgenden spekulativen Deutungen aufgewartet werden.

5

WENN KARTEN BEIM AUSLEGEN IN GRUPPEN AUFTAUCHEN

DAS BILD IN DER NORMALEN POSITION

4 Könige = Große Ehre. 3 Könige = Bedeutungsvoller Ratschlag. 2 Könige = Weniger bedeutsamer Rat.

4 Königinnen = Große Debatte. 3 Königinnen = Ein Komplott von Frauen. 2 Königinnen = Aufrichtige Freunde.

4 Ritter = Ernste Angelegenheiten. 3 Ritter = Lebhafte Debatte. 2 Ritter = Intimität.

4 Pagen = Gefährliche Krankheit. 3 Pagen = Disput. 2 Pagen = Unruhe.

4 Zehner = Verurteilung. 3 Zehner = Neue Umstände.

2 Zehner = Veränderung.

4 Neunen = Ein guter Freund. 3 Neunen = Erfolg. 2 Neunen = Etwas empfangen oder erhalten.

4 Achten = Umgekehrt. 3 Achten = Heirat. 2 Achten = Neues Wissen.

4 Sieben= Intrige. 3 Sieben = Ungesundheit.

2 Sieben= Neuigkeiten.

4 Sechsen = Fülle. 3 Sechsen = Erfolg. 2 Sechsen = Irritationen.

4 Fünfen = Regelmäßigkeit. 3 Fünfen = Entschlossenheit.

2 Fünfen = Wachsamkeit.

4 Vierer = Bevorstehende Reise. 3 Vierer = Eine Sache, die durchdacht werden muß. 2 Vierer = Schlaflosigkeit.

4 Dreier = Fortschritt. 3 Dreier = Einheit. 2 Dreier = Ruhe.

4 Zweier = Zank. 3 Zweier = Sicherheit. 2 Zweier = Übereinstimmung.

4 Asse = Günstige Gelegenheit. 3 Asse = Kleiner Erfolg.

2 Asse = Betrug.

4 Könige = Geschwindigkeit. 3 Könige = Kommerz. 2 Könige = Projekte.

4 Königinnen = Schlechte Gesellschaft. 3 Königinnen = Gier.

2 Königinnen = Arbeit.

4 Ritter = Bündnis. 3 Ritter = Ein Duell oder persönliche Auseinandersetzung. 2 Ritter = Leicht zu beeinflussen.

4 Pagen = Entzug. 3 Pagen = Untätigkeit. 2 Pagen = Gesellschaft.

4 Zehner = Ereignis, Geschehen. 3 Zehner = Enttäuschung.

2 Zehner = Berechtigte Erwartungen.

4 Neunen = Wucher betreiben. 3 Neunen = Unvorsichtigkeit. 2 Neunen = Kleiner Profit.

4 Achten = Irrtum. 3 Achten = Ein Spektakel. 2 Achten = Unglück.

4 Sieben = Streitsüchtige Leute. 3 Sieben = Jubel.

2 Sieben = Frauen von schlechtem Ruf.

4 Sechsen = Sorgfalt. 3 Sechsen = Befriedigung. 2 Sechsen = Absturz.

4 Fünfen = Ordnung. 3 Fünfen = Zögern. 2 Fünfen = Umgekehrt.

4 Vierer = Begibt sich außer Lande. 3 Vierer = Unruhe.

2 Vierer = Streit.

4 Dreier = Großer Erfolg. 3 Dreier = Gelassenheit. 2 Dreier = Sicherheit.

4 Zweier = Versöhnung. 3 Zweier = Böse Vorahnungen.

2 Zweier = Mißtrauen.

4 Asse = Schande. 3 Asse = Niedergang durch Exzesse.

2 Asse = Feinde.

6

DIE KUNST DES KARTENLEGENS

Wir kommen nun zum letzten Teil dieses Abschnitts, in welchem es um die praktische Auslegung und Konsultation der Tarotkarten geht. Die Methoden sind überaus vielfältig und in manchen Fällen auch dermaßen kompliziert, daß ich die letzteren von vornherein auslassen kann, denn wer sich mit derartigen Fragen auseinandergesetzt hat, weiß sehr wohl, daß der einfache Weg auch immer der Weg der Wahrheit ist. Selbst die Legetechnik in einem Abschnitt des kürzlich neu herausgegebenen »*The Tarot of the Bohemians*« mit dem Titel »*The Divining Tarot*« lasse ich beiseite, mit einer Empfehlung an alle Leser, deren Interesse über das in diesem Handbuch Ausgeführte hinausgeht.

An erster Stelle beschreibe ich eine kurze Legetechnik, die seit vielen Jahren in England, Schottland und Irland beliebt ist und in privaten Zirkeln benutzt wird. Ich glaube nicht, daß sie bereits veröffentlicht wurde – mit Sicherheit nicht im Zusammenhang mit den Tarotkarten. Ich denke, daß die Methode sämtlichen Ansprüchen gerecht werden kann, werde aber an zweiter Stelle eine Variante hinzufügen, die in Frankreich unter dem Namen »das Orakel von Julia Orsini« bekannt gemacht wurde.

7

EINE ALTE KELTISCHE METHODE

Wenn es darum geht, eine Antwort auf eine bestimmte Frage zu erhalten, ist diese Methode wohl am besten geeignet. Zuerst wählt der Wahrsager eine Karte, von der die Person oder Angelegenheit, nach der gefragt wird, repräsentiert werden kann. Diese Karte wird »der Signifikator« genannt. Wenn der Wahrsager etwas über die eigenen Belange herausfinden will, wählt er die Karte, die seinem persönlichen Selbstbild entspricht. Für einen Mann von vierzig Jahren oder mehr sollte ein Ritter als Signifikator gewählt werden; ein König für alle Männer unter vierzig; eine Königin für jede Frau über vierzig, und ein Page für Frauen jünger als vierzig.

Die vier Hofkarten der Reihe der Stäbe repräsentieren Menschen mit sehr hellem bis rotbraunem Haar, weißer Haut und blauen Augen. Die Hofkarten der Kelche repräsentieren Menschen mit hellbraunem oder aschblondem Haar und grauen oder blauen Augen. Die Hofkarten der Schwerter stehen für Menschen mit haselnußbraunen oder grauen Augen, dunkelbraunem Haar und leicht getönter Haut. Die Hofkarten der Pentakel verweisen auf Menschen mit tiefdunkelbraunen oder schwarzen Haaren, dunklen Augen und bräunlicher oder dunkler Haut. Diese Zuordnungen sind jedoch nicht unumstößlich und werden unter den folgenden Bedingungen abgewandelt. Unter Umständen kann man sich auch vornehmlich vom Temperament einer Person leiten lassen. Zum Beipiel mag eine Person mit tiefschwarzen Haaren und Augen auch ein besonders lebhaftes Temperament haben und insofern besser von einer Schwertkarte repräsentiert werden als von einem Pentakel. Eine besonders hellhäutige, blonde Person mit sanftem Gemüt und zur Lethargie neigend entspricht eher den Kelchen als den Stäben.

Wenn das Orakel weniger nach einer Person als nach einer bestimmten Angelegenheit befragt werden soll, sollte eine Trumpfkarte oder kleinere Karte als Signifikator gewählt werden, die der Bedeutung der Angelegenheit am ehesten entspricht.

Nehmen wir einmal an, daß die Frage folgende ist: »Ist es notwendig, vor Gericht zu gehen?« In diesem Fall nimmt man die Trumpfkarte 11, »Gerechtigkeit« als Signifikator, denn sie hat eine Beziehung zu den Angelegenheiten der Justiz. Lautet die Frage jedoch: »Werde ich den Prozeß gewinnen?«, muß eine der Hofkarten als Signifikator gewählt werden. Nachfolgend können immer weitere Fragen an das Orakel gestellt werden, bis eine Antwort für jeden an der Angelegenheit Beteiligten erhalten wurde.

Der einmal ausgewählte Signifikator wird mit dem Bild nach oben auf den Tisch gelegt. Dann wird der Rest der Karten gemischt und dreimal geteilt, allesamt mit der Rückseite nach oben.

Die oberste und ERSTE KARTE des Packens wird jetzt umgedreht und über den Signifikator gelegt, so daß er ihn bedeckt, mit den Worten: »Dies bestimmt (oder bedeckt) ihn.« Diese Karte repräsentiert die generellen Einflüsse auf die Person oder Sache, die Atmosphäre, in der alle anderen Einflüsse zum Tragen kommen.

Dann wird die ZWEITE KARTE umgedreht und quer über die ERSTE gelegt, mit den Worten: »Dies kreuzt ihn«. Diese Karte zeigt die Hindernisse in der Sache an. Wenn die Karte günstig ausfällt, sind die Widerstände nicht erheblich, oder es zeigt, daß etwas an und für sich Gutes in dieser Angelegenheit nicht unbedingt etwas Gutes bewirken mag.

Die DRITTE KARTE wird umgedreht und auf den Platz oberhalb des Signifikators gelegt, mit den Worten: »Dies krönt ihn.« Diese Karte repräsentiert (a) das Ziel oder Ideal des Fragestellers in der Sache; (b) das Beste, das unter den Umständen erreicht werden kann, aber noch nicht verwirklicht worden ist.

Die VIERTE KARTE wird unter den Signifikator gelegt, mit den Worten: »Dies ist unter ihm.« Sie zeigt die Grundlage oder Ursache der Angelegenheit, die bereits in der Vergangenheit liegt und vom Signifikator schon erreicht wurde.

Die FÜNFTE KARTE wird umgedreht und auf die Seite des Signifikators gelegt, von der die Kartenfigur wegblickt, mit den Worten: »Dies ist hinter ihm.« Sie zeigt den Einfluß, der gerade überwunden wurde oder jetzt seine Wirkung verliert.

ANMERKUNG: Wenn der Signifikator eine Karte mit einer Abbildung ist, die weder in die eine noch in die andere Richtung blickt, muß der Wahrsager von vornherein entscheiden, welche Richtung er der Abbildung zuordnen will.

Die SECHSTE KARTE wird auf die Seite des Signifikators gelegt, zu der die Bildfigur hinblickt, mit den Worten: »Dies ist vor ihm«. Diese Karte repräsentiert den Einfluß, der jetzt aktiv wird und in der nahen Zukunft in Kraft tritt.

Die Karten sind jetzt in Kreuzform ausgelegt worden, und der Signifikator, bedeckt von der Ersten Karte, bildet das Zentrum des Kreuzes.

Die nächsten vier Karten werden der Reihe nach umgedreht und an der rechten Seite des Kartenkreuzes übereinander gelegt.

Die SIEBTE KARTE stellt wiederum den Signifikator dar – also die Person oder Sache, nach der gefragt wird – und zeigt ihre Position oder Einstellung zu der Sache.

Die ACHTE KARTE stellt das Haus oder Umfeld dar und die Einflüsse, die darin zum Tragen kommen. Zum Beispiel die berufliche Position des Fragestellers, der unmittelbare Einfluß von Freunden und so weiter.

Die NEUNTE KARTE repräsentiert die Hoffnungen und Ängste im Zusammenhang mit der Sache.

Die ZEHNTE KARTE zeigt das Kommende, das Endresultat, das Höchste, das sich aus den kombinierten Einflüssen aller anderen Karten ergibt.

Auf diese letzte Karte sollte der Wahrsager sein spezielles Augenmerk richten, um ihre Bedeutung intuitiv zu erfassen, ohne die offiziellen, im Gedächtnis gespeicherten Deutungen notwendigerweise außer acht zu lassen. Die letzte Karte soll eine Verkörperung aller anderen Karteneinflüsse auf dem Tisch sein und den Signifikator direkt betreffen, kaum anders, als würden die Lichter einer höheren Signifikanz in einem Funkenregen vom Himmel fallen, insbesondere wenn es sich hierbei um eine Trumpfkarte handelt.

Damit ist der Vorgang abgeschlossen, es sei denn, die letzte Karte bleibt unklar und läßt keine endgültige Entscheidung zu. In solchen Fällen kann der Vorgang wiederholt werden, diesmal mit der zehnten Karte als Signifikator und Ausgangspunkt des Orakels. Jetzt muß der Packen erneut gemischt und dreimal geteilt werden, wonach die obersten zehn Karten des gesamten Packens wie zuvor der Reihe nach im »Keltischen Kreuz« ausgelegt werden. Auf diese Weise kann man eine detailliertere Antwort auf die Frage nach dem Endergebnis erhalten.

Sollte die zehnte Karte eine Hofkarte sein, bedeutet es, daß die fragliche Angelegenheit letztlich in die Hände einer Person gerät, die von dieser Karte repräsentiert werden kann, und zudem, daß das Endergebnis größtenteils von dieser Person abhängt. Auch hier ist es ratsam, die fragliche Hofkarte zum Signifikator in einer neuen Auslegung zu machen, um herauszufinden, auf welche Art und Weise diese Person die Sache beeinflußt und zu welchem Endergebnis sie die Dinge führt.

Man kann diese Methode in relativ kurzer Zeit meistern, wobei immer berücksichtigt werden muß, welche Talente der Wahrsager mitbringt – also, ob seine intuitiven Fähigkeiten latente oder bereits bis zur direkten Einsicht entwickelte sind – und sie hat den Vorteil, frei von sämtlichen Komplikationen zu sein.

Hier folgt ein Diagramm der oben beschriebenen Legetechnik, bei dem der Signifikator nach links blickt.

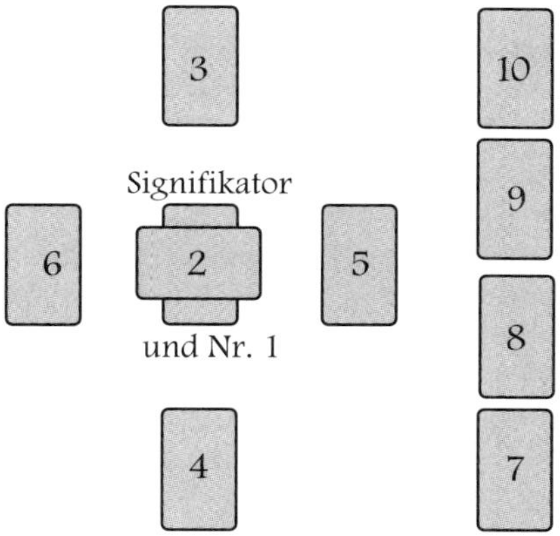

Der Signifikator.

1. Was ihn bedeckt (bestimmt).
2. Was ihn kreuzt.
3. Was ihn krönt.
4. Was unter ihm ist.
5. Was hinter ihm ist.
6. Was vor ihm ist.
7. Er selbst.
8. Sein Haus.
9. Seine Hoffnungen und Ängste.
10. Was kommt; das Endergebnis.

8

EINE ALTERNATIVE LEGETECHNIK

Sämtliche Karten werden vom Wahrsager gemischt und teilweise umgedreht, damit manche Bilder auf dem Kopf stehen.

Der Fragesteller teilt den Packen selber, und zwar mit der linken Hand.

Der Wahrsager unterteilt die ersten 42 Karten in sechs Packen von jeweils sieben Karten, alle mit dem Bild nach oben, so daß die ersten sieben Karten den ersten Packen bilden, die nächsten sieben den zweiten Packen und so weiter, wie in diesem Diagramm:

Der Wahrsager nimmt den ersten Packen und legt die Karten der Reihe nach von rechts nach links auf den Tisch. Dann werden die Karten des zweiten Packens über die ersten gelegt... und so fort mit allen verbleibenden sieben Packen. Damit erhalten wir sieben neue Packen von jeweils sechs Karten, arrangiert wie folgt:

Der Wahrsager nimmt die oberste Karte jedes Packens, mischt sie und legt sie von rechts nach links auf den Tisch. Daraufhin liegt eine Reihe von sieben einzelnen Karten unterhalb der noch verbleibenden Packen.

Jetzt nimmt der Wahrsager die zwei nächstoberen Karten von jedem einzelnen Packen, mischt sie und legt sie in zwei Reihen unter die zuerst ausgelegte Kartenreihe.

Die verbleibenden 21 Karten in den Packen werden gemischt und wiederum in drei Reihen unter den anderen ausgelegt.

Auf diese Weise haben wir sechs waagerechte Reihen von jeweils sieben Karten erhalten, die wie folgt auf dem Tisch liegen:

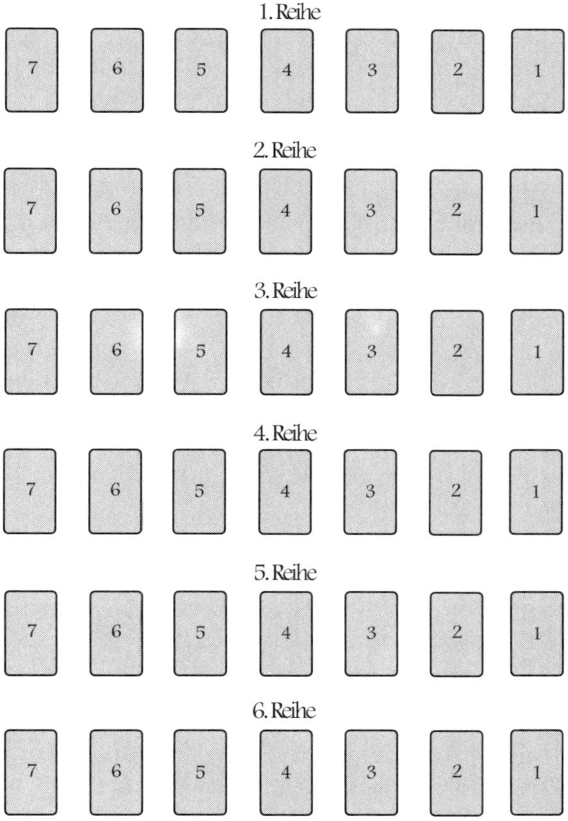

Bei dieser Methode werden männliche Fragesteller von dem Magier repräsentiert und weibliche von der Hohepriesterin, aber diese Karten werden erst auf ihren gebührenden Platz gelegt, wenn die 42 Karten auf die oben beschriebene Weise ausgelegt worden sind. Sollte die gesuchte Karte nicht bereits auf dem Tisch liegen, dann muß sie in dem verbleibenden Packen von 36 Karten gefunden werden und rechts von der ersten waagerechten Kartenreihe, aber ein wenig abgesondert davon, abgelegt werden. Sollte die gesuchte Karte schon auf dem Tisch liegen, so wird sie ebenfalls auf den eben beschriebenen Platz gelegt, und nun wird eine andere Karte blind aus dem Packen von noch unaufgedeckten 36 Karten genommen und auf die leere Stelle gelegt, so daß weiterhin 42 Karten auf dem Tisch liegen.

Daraufhin werden die Karten der Reihe nach interpretiert, also immer von rechts nach links, angefangen mit der ersten Karte in der obersten Reihe, bis hin zur letzten oder siebten Karte ganz links in der untersten Kartenreihe.

Diese Legetechnik wird empfohlen, wenn keine präzise Frage vorliegt, der Fragesteller also eine generelle Aussage über seinen Lebensweg und sein Schicksal erhalten will. Wenn er oder sie herausfinden will, was innerhalb einer bestimmten Zeitspanne geschehen könnte, müssen die Daten genau angegeben werden, noch bevor die Karten gemischt worden sind.

Was die Interpretation betrifft, so muß sie die Frage und den Fragesteller direkt betreffen, was bedeutet, daß alle offiziellen und konventionellen Bedeutungen abgewandelt werden können und müssen, um den speziellen Umständen gerecht zu werden, wie zum Beispiel die berufliche Position und das Alter und Geschlecht des Fragestellers.

Demnach kann »Der Narr« ein ganzes Spektrum geistiger Zustände zwischen bloßer Überdrehtheit und Wahnsinn anzeigen, aber die spezielle Aussage jeder Karte muß auch mit dem generellen Trend der anderen Karten übereinstimmen, und insofern spielt die Intuition eine bedeutende Rolle bei der Interpretation.

Vor der Lesung überfliegt man die Karten am besten kurz, aber der Reihe nach, damit der Geist einen generellen Eindruck von der Richtung erhält, die das Schicksal hier zu nehmen scheint. Erst danach beginnt man mit der Interpretation jeder einzelnen Karte im Detail.

Auch darf nicht vergessen werden, daß die Trumpfkarten stärkere und zwingendere Mächte repräsentieren – jedenfalls in der vom Tarot postulierten Theorie – als den kleinen Karten nachgesagt wird.

Nun wird das Vorhandensein von intuitiven und hellsichtigen Fähigkeiten bei der Zukunftsdeutung als selbstverständlich vorausgesetzt. Wenn diese von Natur aus vorhanden oder vom Wahrsager entwickelt worden sind, verbindet sich das Arrangement der Karten im Geist des Lesers mit der Atmosphäre des fraglichen Themas, und dann ist der Rest ein Kinderspiel. Wenn die Intuition versagt oder unterentwickelt ist, müssen Konzentration, intellektuelle Beobachtungsgabe und Kalkulation in vollem Maße eingesetzt werden, um ein zufriedenstellendes Ergebnis zu erzielen. Aber selbst eine scheinbar schlummernde Intuition kann durch derartige Praktiken kultiviert werden. Wenn Zweifel über die genaue Bedeutung einer Karte in einem bestimmten Zusammenhang aufkommen, wird dem Wahrsager von den Experten auf diesem Gebiet empfohlen, die Hand auf die Karte zu legen und zu versuchen, in keiner Weise an ihre konventionelle Bedeutung zu denken, sondern die Eindrücke wahrzunehmen, die ihm spontan dazu in den Sinn kommen. Am Anfang kommen dabei wahrscheinlich nur bloße Vermutungen zustande, die sich womöglich als unrichtig erweisen, aber mit etwas Übung wird es möglich, den Unterschied zwischen einer Vermutung des bewußten Verstands und einem Eindruck aus dem Unterbewußtsein zu erkennen.

Ich, für meinen Teil, kann weder theoretische noch praktische Ratschläge zu dem Thema beisteuern, da ich kein Kenner bin, aber die folgenden *additamenta* stammen von einer Person, die mehr und berechtigteren Anspruch auf einen solchen Titel hat als alle Kartenleser Europas zusammen, sollten sie die Karten mit einem einzigen Händepaar mischen und wie aus einem Munde deuten.

ANMERKUNGEN ZUM KARTENLEGEN

1. Vor dem Auslegen der Karten sollten Sie Ihre Frage präzise formulieren und laut aussprechen.
2. Machen Sie ihren Geist so leer wie möglich, während Sie die Karten mischen.
3. Lassen Sie persönliche Meinungen und Vorurteile so weit wie möglich fallen, sonst wird Ihre Einsicht davon gefärbt.
4. Aus diesem Grund ist es einfacher, für einen Fremden zu prophezeien als für die eigene Person oder einen Freund.

9

DIE »FÜNFUNDDREISSIG-KARTEN-METHODE«

Es kommt vor, daß die Karten in der eben beschriebenen Weise ausgelegt und interpretiert werden, aber weiterhin Zweifel bestehen oder ein Wunsch, die Frage noch weiter auszubauen, was auf die folgende Art geschieht:

Man nimmt die 42 auf dem Tisch ausgelegten Karten, legt sie in einem Packen beiseite und legt die Karte für den Fragesteller mit dem sichtbaren Bild des Magiers oder der Hohepriesterin ganz oben auf den Packen. Die verbleibenden 35 Karten werden wie üblich gemischt, dreimal geteilt und dann in sechs Packen aufgeteilt:
Packen 1 besteht aus den ersten SIEBEN KARTEN;
Packen 2 besteht aus den nächstfolgenden SECHS KARTEN;
Packen 3 besteht aus den nächstfolgenden FÜNF KARTEN;
Packen 4 besteht aus den nächstfolgenden VIER KARTEN;
Packen 5 enthält ZWEI KARTEN;
Packen 6 enthält die letzten ELF KARTEN.
Das Arrangement sieht folgendermaßen aus:

Jetzt nimmt man diese Packen der Reihe nach in die Hand und legt die darin enthaltenen Karten in sechs waagerechten Reihen auf dem Tisch aus, wobei diese Reihen natürlich nicht dieselbe Länge haben.

DIE ERSTE REIHE repräsentiert das Haus, die Umgebung und dergleichen.

DIE ZWEITE REIHE repräsentiert die Person oder das Thema, nach dem gefragt wird.

DIE DRITTE REIHE repräsentiert das, was außerhalb geschieht, also Ereignisse, Personen etc., die eine Rolle spielen.

DIE VIERTE REIHE repräsentiert eine Überraschung, das Unerwartete etc.

DIE FÜNFTE REIHE repräsentiert einen Trost und kann alles Ungünstige in den vorherigen Reihen abschwächen.

DIE SECHSTE REIHE repräsentiert das, was konsultiert werden muß, um die rätselhaften Aussagen aller anderen Reihen zu erklären.

Bei dieser Methode werden alle Karten von links nach rechts gelesen, angefangen mit der ersten Reihe.

Zum Schluß sollte noch hinzugefügt werden, daß keine Legetechnik für das Tarot existiert, die nicht auch mit gewöhnlichen Spielkarten durchgeführt werden könnte, nur verleihen die zusätzlichen Hofkarten – und vor allen Dingen die Trumpfkarten – den Prophezeiungen einen höheren intuitiven Wert.

Und nun, zum Abschluß des gesamten Themas, habe ich noch ein paar letzte Worte hinzuzufügen – sozusagen als Epilog. Es geht mir darum, die Frage zu stellen, inwiefern und in welchem Sinne ich die Merkmale der Geheimen Doktrin in den Trumpfkarten erkenne. Hiermit will ich nicht sagen, daß ich mit Ordensgemeinschaften und Bruderschaften vertraut bin, in denen eine solche Doktrin gelehrt und als Teil eines höheren Tarotverständnisses begriffen wird. Auch sage ich nicht, daß man von einer altüberlieferten und stets auf würdige Nachfolger übertragenen Doktrin behaupten kann, sie sei in unabhängiger

Form in den Trumpfkarten enthalten. Ich meine also nicht, daß die Doktrin getrennt vom Tarot existiert. Es gibt Gemeinschaften, die ein spezielles Wissen von beidem besitzen; manches ist vom Tarot abgeleitet, und manches bleibt unabhängig davon; in beiden Fällen handelt es sich um das, im Kern, selbe Wissen. Aber es gibt auch hintergründige Dinge, die nicht in Orden und Gesellschaften existieren, sondern auf andere Art und Weise übertragen werden.

Ungeachtet jedes geistigen Erbes solcher Art rate ich jedem Mystiker, sich die folgenden Karten selber anzusehen, und zwar einzeln, ebenso wie in ihrer Kombination: Der Magier, Der Narr, Die Hohepriesterin, Der Hierophant, Die Herrscherin, Der Herrscher, Der Gehängte und Der Turm. Und nun soll dieser Mystiker sich die Karte mit dem Titel »Das Gericht« zu Gemüte führen.

Die Reihe enthält die Legende von der Seele. Die anderen Trumpfkarten sind die Einzelheiten und – man könnte auch sagen – die Zufälle. Vielleicht hat eine solche mystisch begabte Person dann einen Einblick in das, was weit hinter diesen Symbolen liegt – wer auch immer diese zuerst erfunden haben mag, und wie getreulich auch immer sie für die Nachwelt erhalten wurden. Falls ihr dieser Einblick zuteil wird, begreift sie sicher auch, warum ich mich mit dem Thema beschäftigt habe, selbst wenn ich dabei das Risiko eingehe, ein Werk über die Zukunftsdeutung mit Hilfe von Karten zu publizieren.

ANLEITUNG ZUM TAROT ALS GLÜCKSSPIEL

VON GERTRUDE MOAKLEY

An einer Wand im Borromeo-Palast von Mailand hängt eine der ältesten Abbildungen einer Gesellschaft beim Kartenspielen. Auf dem Gemälde sitzen drei Damen und zwei Herren, angetan mit den Gewändern des fünfzehnten Jahrhunderts, um einen quadratischen Tisch gruppiert und halten Tarotkarten in den Händen, aber nur drei von ihnen scheinen direkt am Spiel beteiligt zu sein, denn zwei Damen sind offenbar gerade dabei, einen zweiten Packen für die nächste Runde zu mischen.

Die Darstellung bestätigt, was wir über die Gepflogenheiten der damaligen Zeit wissen, denn traditionell waren jeweils nur drei Personen am Glücksspiel mit den Tarotkarten beteiligt. Wenn vier Personen mitmachen wollen, nimmt der Geber keine Karten; wenn nur zwei Personen anwesend sind, werden drei Blätter verteilt, von denen eines unbenutzt bleibt.

Tarotspiele wurden genauso oft variiert wie die bekannteren Whist- oder Bridgespiele aller Art, aber sie folgen immer einem Grundmuster, das dem Binokel ähnelt. Auch heute werden diese Varianten noch in Frankreich, Italien, Österreich, der Tschechei, der Slowakei gespielt, unter Namen wie Tarot, Tarokko, Tarock oder Taroky. In Osteuropa werden andere Zeichen für die Trümpfe und Reihen benutzt, aber der Packen enthält weiterhin 21 Trümpfe, einen Narren und vier normale Reihen oder Farben von jeweils vierzehn Karten.

Wer sich mit der essentiellen Bedeutung des Tarot befaßt hat, wird die älteste Spielart sicher auch am interessantesten finden. Deshalb werden wir die neueren Elemente, wie die des Überbietens bei den moderneren Spielformen, auslassen, ebenso wie das endlose Zeremoniell der italienischen Varianten. Bei den älteren Spielarten sind die Meldungen ausführlicher und werfen ein Licht auf die Bedeutung der Karten.

Am folgenden Beispiel soll die Vorgehensweise jetzt erklärt werden:

Der Geber verteilt vierundzwanzig Karten an jeden der drei Spieler. Er beginnt mit dem »zweiten Blatt« (der Spieler zur Rechten des Gebers) und fährt im umgekehrten Uhrzeigersinn fort, die Karten auszuteilen. Die sechs übriggebliebenen Karten werden »die Witwe« genannt. Der Geber hat jetzt die Wahl, diese Karten aufzunehmen und dafür sechs von seinen eigenen Karten abzulegen. In unserem Beispiel tut er das, und damit haben unsere Spieler die folgenden drei Blätter:

DRITTES BLATT:

TRÜMPFE: XVII, XVI, V, IV, III, II, I
SCHWERTER: KG, KN, RT, PAGE, 10, 9, 8
STÄBE: 5, 4, 2
KELCHE: KG, 2, 3, 4, 5
PENTAKEL: KG, KN

ZWEITES BLATT:

TRÜMPFE: XXI, XX, XIX, XVIII
SCHWERTER: 7, 6, 5, 4, 3, 2, 1
KELCHE: KN, RT, PAGE, 1, 6, 9
PENTAKEL: RT, PAGE, 2, 3, 4, 7, 9

GEBER:

TRÜMPFE: XV, XIV, XIII, XII, XI, X, IX, VIII, VII, VI
STÄBE: KG, KN, RT, PAGE, 10, 9, 8, 7, 6, 3, 1
PENTAKEL: 1, 5
NARR

(Bei den Zahlenkarten der femininen Reihen – Kelche und Pentakel – wird das As am höchsten bewertet, darauf folgen die 2 und 3, bis hin zur 10 – die Karte mit der niedrigsten Punktzahl.)

Wenn Sie einen Packen Tarotkarten haben, rate ich Ihnen, die Karten wie in diesem Beispiel zu verteilen und diese Runde realistisch auszuspielen. Damit wird alles viel klarer.

Vor jeder Runde meldet jeder Spieler seine Gruppen (auch Karten-Sequenzen genannt) an. Die Punktzahlen der verschiedenen Gruppen werden in der TABELLE am Ende dieser Anleitung aufgeführt. Bei unserem Beispiel werden die folgenden Gruppen gemeldet:

ZWEITES BLATT :	PUNKTE:
4 größere Trümpfe	10
Vier-Karten-Sequenz (gleichartige Karten)	5
Vier-Karten-Sequenz von Kelchen	5
Sieben-Karten-Sequenz von Schwertern	10
Insgesamt:	30

DRITTES BLATT:	
Alle 5 geringeren Trümpfe	15
3 »Tarot-Trümpfe« (2 Könige und Trumpf I)	15
Vier-Karten-Sequenz von geringeren Trümpfen	5
Vier-Karten-Sequenz von Kelchen	5
Sieben-Karten-Sequenz von Schwertern	10
Insgesamt:	50

GEBER:	
Sieben-Karten-Sequenz von Stäben	10
Zehn-Karten-Sequenz von Trümpfen	15
Insgesamt:	25

Und nun kommen wir zum Reizen oder Stechen. Das zweite Blatt führt, und die Spieler legen gegen den Uhrzeigersinn der Reihe nach ihre Karten ab. Der nächste Spieler muß die Sequenz fortsetzen, wenn er kann, und wenn nicht, muß er eine Trumpfkarte hinlegen. Nur wenn man den Narren hat, kann man ihn ausspielen, anstatt die Sequenz fortzusetzen oder eine Trumpfkarte zu opfern. Ansonsten hat der Narr keinen Punktwert, obwohl er beim Melden zu einem von den sieben »Tarot-Trümpfen« gezählt wird. Die höchste Karte der Vorhand gewinnt den Stich, es sei denn, sie wird »getrumpft«, was bedeutet, daß die höchste Trumpfkarte gewinnt.

Die Trumpfkarte mit der höchsten Punktzahl ist XXI; die niedrigste Punktzahl ist die des Magiers: I. Die maskulinen Reihen der Schwerter und Stäbe reichen vom König mit der höchsten Punktzahl bis zum As, das die niedrigste Punktzahl erhält. Bei den femininen Reihen gilt dasselbe vom König bis zum Pagen, aber von dort an verläuft die Bewertung umgekehrt: Das As erhält die höchste Punktzahl, als nächstes die 2 und so weiter bis zur 10.

Bei unserem Beispiel hat der zweite Spieler die Vorhand und fängt mit der Neun der Pentakel an:

Die Stiche und ihre Punktzahlen sind folgende:

VORHAND:	PUNKTE FÜR: ZWEITER SPIELER	DRITTER SPIELER	GEBER
PENTAKEL: 9, KG, 5		5	
PENTAKEL: KN, 1, 7		4	
KELCHE: KG, TRUMPF VI, 9			5
STÄBE: KG, TRUMPF XVIII, 2	5		
KELCHE: 6, 5, TRUMPF VII			1
TRÜMPFE: VIII, XXI, II (der dritte Spieler behält seine I, weil sie ein »Tarot-Trumpf« ist)	5*		
SCHWERTER: 1, KG, TRUMPF IX			5
TRÜMPFE: X, XX, III	1		
SCHWERTER: 2, 8, TRUMPF XI			1
TRÜMPFE: XII, XIX, IV	1		
PENTAKEL: RT, TRÜMPFE V, XIII			3
STÄBE: KN, SCHWERTER 3, 4			4
STÄBE: RT, SCHWERTER 4, 5			3
TRÜMPFE: XIV, SCHWERTER 5, XVI		1	
SCHWERTER: KN, TRUMPF XV, 6			4
STÄBE: 10, PENTAKEL 4, TRUMPF I (dritter Spieler benutzt seinen »Tarot-Trumpf«)		5*	
SCHWERTER: RT, STÄBE 1, 7		3	
SCHWERTER: PAGE, NARR, KELCHE 1		2	
SCHWERTER: 10, STÄBE 3, PENTAKEL 3		1	
TRÜMPFE: XVII, STÄBE 6, KELCHE 2		1	
SCHWERTER: 9, STÄBE 7, KELCHE, PAGE		2	
KELCHE: 4, STÄBE 8, KN	4		
KELCHE: RT, 3, STÄBE 9	3		
PENTAKEL: PAGE, KELCHE 2, STÄBE, PAGE	2		
ADDIERE DIE MELDUNGEN:	30	50	25
GESAMTE PUNKTZAHL:	51	74	51

* Dieser Stich zählt 5 Punkte, weil er einen »Tarot-Trumpf« enthält.

Der dritte Spieler hat die höchste Punktzahl: 74. Jetzt wird die nächsthöchste Punktzahl davon abgezogen, also 51, und damit hat der dritte Spieler 23 Punkte in der gesamten Runde zu verbuchen. Das Spiel geht in die nächste Runde und so fort, bis ein Spieler 100 Punkte erreicht hat und das Spiel damit beendet.

TABELLE DER PUNKTZAHLEN FÜR DIE MELDUNGEN UND STICHE:

MELDUNGEN:
Die fünf größeren Trümpfe sind die Karten XVII bis XXI (diese repräsentieren den Triumph der Ewigkeit); für 3 von diesen Karten erhält man 5 Punkte; für vier 10 Punkte; für alle fünf erhält der Spieler 15 Punkte.

Die fünf geringeren Trümpfe sind die Karten I bis V (diese repräsentieren die Sklaven von Amor); für alle gilt dasselbe wie bei den größeren Trümpfen.

Die sieben »Tarot-Trümpfe« sind I, XXI, Der Narr und die Könige der vier Reihen; für 3 von diesen in jeder Kombination erhält man 15 Punkte.

Sequenzen in derselben Reihe, einschließlich der Reihe der Trümpfe:

5 Punkte für jede Vier-Karten-Sequenz
10 Punkte für jede Sieben-Karten-Sequenz
15 Punkte für jede Zehn-Karten-Sequenz

STICHE MIT FOLGENDEN KARTEN:

jeder »Tarot-Trumpf«, aber nicht Der Narr:	5 Punkte
eine oder mehrere Königinnen:	4
ein oder mehrere Ritter:	3
ein oder mehrere Pagen:	2
jede andere Karte, einschließlich Trümpfe:	1

Anhang

BUCHVERZEICHNIS

WAITES ANMERKUNGEN ZU DEN WICHTIGSTEN SCHRIFTEN ÜBER DAS TAROT

Da diese Monographie trotz ihres bescheidenen Umfangs, so weit ich weiß, den ersten Versuch darstellt, eine komplette Synopsis über das Tarot in englischer Sprache zu präsentieren, nachdem die Vorgeschichte des Tarot hinlänglich definiert, sein Symbolismus entfaltet und – als eine Kuriosität im Okkultismus – die Interpretationen und Legetechniken hinreichend erklärt wurden, ist es mein Wunsch, die Textbücher zu dem Thema zu besprechen, ebenso wie die wichtigsten Artikel darüber, soweit diese mir bekannt sind. Die nachfolgenden bibliographischen Details erheben keinen Anspruch auf Vollständigkeit, da nichts zitiert wurde, was ich nicht mit eigenen Augen gesehen habe; aber ich bin sicher, daß die meisten Leser das Ausmaß der vorhandenen Literatur – falls ich diesen konventionellen Begriff benutzen darf –, das im Lauf der letzten 120 Jahre über das Tarot veröffentlicht wurde, sehr erstaunlich finden werden. Wer weitere Nachforschungen anstellen will, kann hier eine Fülle von Anregungen finden, obwohl ich diesen Weg nicht unbedingt empfehle, weil ich meine, daß an dieser Stelle schon alles über das Tarot gesagt wurde, um als repräsentativ für das Vorangegangene gelten zu können. Das Buchverzeichnis als solches ist in derselben Weise repräsentativ. Auch sollte ich hinzufügen, daß eine umfangreiche Kartensammlung und sonstige Werke über das Kartenlegen im Britischen Museum ausgestellt werden, auch wenn ich bisher noch keine Gelegenheit hatte, diese eingehender und im Zusammenhang mit der hier folgenden Liste zu konsultieren.

I

Monde Primitif, analysé et comparé avec le Monde Moderne. Von M. Court de Gebelin. Ausg. 8, Quartalsbl. Paris 1781.

Die Artikel über das *Jeu des Tarots* können auf den Seiten 365 bis 410 gefunden werden. Die Bildtafeln am Ende zeigen die Trumpfkarten und die Asse jeder Reihe. Sie geben uns aufschlußreiche Hinweise über die Kartengestaltung gegen Ende des achtzehnten Jahrhunderts. Zu der Zeit kursierten die Karten vermutlich in Südfrankreich, denn es heißt, daß sie während der fraglichen Periode in Paris so gut wie unbekannt waren. Die Behauptungen des Autors über den Ursprung des Tarot habe ich vorher bereits in diesem Werk abgehandelt. Seine Spekulationen waren in Anbetracht der Irrungen und Wirrungen jener Zeit wohl erträglich; aber daß sie weiterhin ertragen und in der Tat fraglos von den französischen Okkultisten übernommen werden, ist der überzeugendste Beweis, den man nur finden kann, daß es an den Grundvoraussetzungen für irgendeine seriöse Geschichtsforschung mangelt.

II

Die Schriften von Etteilla. *Les Septs Nuances de l'oeuvre philosophique Hermétique; Manière de se récréer avec le Jeu de Cartes, nommeés Tarots; Fragments sur les Hautes Sciences; Philosophie des Hautes Sciences; Jeu des Tarots, ou le Livre de Thoth; Leçons Théoretiques et Pratiques du Livre de Thoth* – alle zwischen 1783 und 1787 publiziert.

Diese Werke sind äußerst rar und gehörten, frei herausgesagt, zu den Kolportageschriften der damaligen Zeit. Sie enthalten die sonderbarsten Bruchstücke über Dinge innerhalb und außerhalb der Grundthematik, wie Verworrenheiten über Geister, Magie, Astrologie, Talismane, Träume etc. Im vorliegenenden Text habe ich genug über die Ansichten des Autors und seine Position in der jüngeren Geschichte des Tarot gesagt. Er verstand das Tarot als eine Aussage von sprechenden Hieroglyphen, die daher natürlich nur mit größten Schwierigkeiten übersetzt werden konnte. Ihm jedoch gelang dieses Kunstwerk – jedenfalls seiner eigenen Ansicht zufolge.

III

An Inquiry into the Ancient Greek Game, supposend to have been invented by Palamedes. Von James Christie. Quartalsbl. London 1801

Ich erwähne diese Sammlung wunderlicher Dissertationen, weil sie von anderen Autoren im Zusammenhang mit dem Tarot zitiert wurde. Christie versucht eine enge Verbindung zwischen den Spielen der frühen Antike und dem modernen Schachspiel nachzuweisen. Es wird behauptet, daß das Spiel, das Palamedes vor dem trojanischen Krieg erfunden haben soll, bereits lange Zeit vorher in China bekannt war. Ansonsten werden keinerlei Bemerkungen über Karten irgendeiner Art gemacht.

IV

Researches into the History of Playing Cards. Von Samuel Weller Singer. Quartalsbl. London 1816.

Hier wird vermutet, daß das Tarot einem Lande im Osten entsprang und uralt ist, ansonsten wird Court de Gebelins Theorie für vage und unbegründet befunden. Karten waren in Europa bekannt, bevor die ägyptische Kultur bekanntgemacht wurde. Der Artikel enthält viele sonderbare Informationen, und die Anmerkungen sind gehaltvoll, aber das Tarot als solches beansprucht nur einen geringen Teil des Texts. Auch erschien er zu früh, um eine stichhaltige Kritik seiner Schlußfolgerungen zu erlauben. Er enthält mehrere hervorragende Nachdrucke von frühen Kartenbildern, auch die von Court de Gebelin.

V

Facts and Speculations on Playing Cards. Von W. A. Chatto.London 1848

Der Autor erklärt, daß die Trumpfkarten und Zahlenkarten einst getrennt voneinander existierten und später erst kombiniert wurden. Die ältesten Tarotkarten sind nicht älter datiert als 1440. Aber die Behauptungen und der Wert dieser Schrift sind hinreichend im vorliegenden Text besprochen worden.

VI

Les Cartes à Jouer et la Cartomancie. Von D.R.P. Boiteau d'Ambly. Quartalsbl. Paris 1854.

Enthält ein paar interessante Abbildungen von frühen Tarotkarten, denen ein orientalischer Ursprung nachgesagt wird, aber kein ägyptischer. Die frühe Verbindung zum Zigeunervolk wird bestätigt, aber ohne Beweise anzuführen. Die Karten sollen mit den Zigeunern aus Indien gekommen sein, wo sie hergestellt wurden, um die Absichten der »unbekannten Gottheit« kundzutun und nicht, um dem profanen Amüsement zu dienen.

VII

Dogme et Rituel de la Haute Magie. Von Eliphas Lévi. 2 Bände, Paris 1854.

Dies ist der erste veröffentlichte Beitrag von Alphonse Louis Constant zum Weltreich der okkulten Philosophie und zudem auch sein *magnum opus.* In beiden Bänden beruhen seine Gedankenkonstrukte auf den wichtigsten Schlüsseln zum Tarot und werden deshalb als eine Fortentwicklung ihrer Implikationen verstanden, jedenfalls wie diese sich dem Geist des Autors dargestellt haben. Einmal abgesehen von allem, was in diesem Buch bereits über seine Qualifikationen gesagt wurde, muß ich lediglich noch hinzufügen, daß sein Kapitel über Transmutationen im zweiten Band den sogenannten »*Schlüssel von Thot* » bildlich darstellt. Der innere Kreis bildet ein dreifaches *Tau* mit einem Hexagramm, wo die Basen aufeinandertreffen, und darunter befindet sich das »As der Kelche«. Im äußeren Kreis stehen die Buchstaben TARO, und rund um das Gesamtgebilde gruppiert sehen wir die Symbole der vier Lebenden Kreaturen, das As der Stäbe, das As der Schwerter, den Buchstaben *Shin* und die Kerze eines Magiers, welche Lévi zufolge identisch ist mit den Kerzen, die im Goetischen Zirkel bei Schwarzen Messen und Teufelsbeschwörungen benutzt werden. Das dreifache *Tau* soll übrigens das fehlende »As der Pentakel« repräsentieren.

Die einzig sinnvoll gestaltete Tarotkarte in seinen beiden Bänden ist »Der Wagen«, welcher von zwei Sphinxen gezogen wird. Die damit eingeführte Mode wurde auch in späteren Zeiten fortgesetzt. Wer in diesen Werken einen Kommentar zu den Großen Arkana des Tarot erkennt, kann höchstens ein Student des konventionellen Okkultismus sein, und wer dieser Philosophie folgt, macht sich nur selbst zum Narren.

VIII

Les Rômes. Von J. A. Vaillant. Paris 1857

Der Autor erzählt von seiner ersten Begegnung mit dem Tarot, dies jedoch in einem Kapitel mit rein anekdotischen Berichten. Das Tarot wird als das Sternenbuch von Enoch bezeichnet, und soll dem Astralrad von Athor nachgebildet sein. Die Trumpfkarten werden beschrieben und das geistige Erbe der Zigneuner genannt, die es aus Indo-Tartarien mitgebracht haben. Die Veröffentlichung von Lévis »*Dogme et Rituel*« hat Vaillant, scheinbar tief beeindruckt und, obwohl die vorher erwähnte Anekdote in diesem, dem wichtigsten Werk des Autors, praktisch der einzige Hinweis auf das Tarot ist, ist er in seinem späteren Buch »*Clef Magique de la Fiction et du Fait*« offenbar sehr viel weiter gegangen, aber ich habe es noch nicht gelesen und, wenn man den Berichten darüber glauben darf, keinen allzu schmerzlichen Verlust davongetragen, was das betrifft.

IX

Histoire de la Magie. Von Eliphas Lévi. Paris 1860.

Das Tarot wird nur ein paarmal in diesem brillanten Werk erwähnt, welches übrigens bald auch in englischer Sprache herausgebracht werden soll. Die Trumpfkarte XXI, normalerweise »Die Welt »oder »Das Universum« genannt, wird hier unter dem Titel *Yinx Pantomorphe* aufgeführt und zeigt eine sitzende Figur mit der Krone von Isis. Diese wurde auch von Papus in seinem »*Le Tarot Divinatoire*« reproduziert. Der Autor erklärt, daß das herkömmliche Tarot über die Juden zu uns gekommen ist, aber dann irgendwie in die Hände der Zigeuner fiel, die es bei ihrem ersten Auftauchen im frühen fünfzehnten Jahrhundert in Frankreich mit sich führten. Die Autorität, auf die er sich hier beruft, ist Vaillant.

X

La Clef des Grands Mystères. Von Eliphas Lévi. Paris 1861.

Das Titelbild dieses Buches stellt den »absoluten Schlüssel zu den okkulten Wissenschaften« dar, wie er von William Postel vorgegeben wurde, woraufhin Lévi sich im Buch darüber ausläßt. Dasselbe Bild wurde in Dr. Papus' »*The Tarot of the Bohemians*« nachgedruckt, und in meinem Vorwort dazu, ebenso wie an anderer Stelle, habe ich erklärt, daß Postel niemals einen hieroglyphischen Schlüssel konstruiert hat. Aber Eliphas Lévi erkennt im Tarot jene heilige Zeichensprache, die unter anderem Enoch, Thot, Cadmus und Palamedes zugeschrieben wurde. Diese Sprache soll absolute Konzepte mit Hilfe von Zeichen und Zahlen ausdrücken. Über die letzteren wurden allerlei Kommentare verfaßt, und die gesamte Zahlenreihe bis zur Nummer 19 wurde als »Schlüssel zur okkulten Theologie« interpretiert. Die übrigen drei Zahlen im hebräischen Alphabet werden die »Schlüssel der Natur« genannt. Das Tarot wird als das ursprüngliche Schachspiel bezeichnet. Außerdem enthält das Buch Lévis' die hypothetische Rekonstruktion der zehnten Trumpfkarte und zeigt ägyptische Figuren rings um das Rad des Schicksals verteilt.

XI

L'Homme Rouge des Tuileries. Von P. Christian. Paris 1863.

Dieses Werk ist eine besondere Rarität und wurde in Frankreich einst sehr hoch eingeschätzt; aber Dr. Papus fiel irgendwann auf, daß es in der Tat nur einen geringen Wert besitzt und selbst dies noch eine Übertreibung sein mag. Das Buch ist insofern interessant, als es die ersten Phantasien des Schriftstellers über das Tarot enthält. Er war ein Anhänger und Imitator von Lévi und gibt hier einen Kommentar über die Trumpfkarten zum besten, gefolgt von den Bedeutungen der Kleinen Arkana. Dabei benutzt er viele kuriose astrologische Zuordnungen, ohne das Tarot jemals ausdrücklich beim Namen zu nennen. Seine spätere »*Histoire de la Magie*« bietet nicht viel mehr als eine erweiterte Wiederholung des gleichen Texts über die Trumpfkarten.

XII

The History of Playing Cards. Von E.S. Taylor. London 1865.

Dieses Werk wurde nach dem Tode des Autors publiziert und ist im Grunde genommen eine Übersetzung von Boiteau. Insofern bedarf es keiner weiteren Bemerkungen von meiner Seite. Die hier vertretene Meinung ist folgende: Die Karten wurden von den Zigeunern aus Indien importiert und können unter Umständen auf das sogenannte chinesische Tarot zurückgeführt werden, das von Court de Gebelin erwähnt wurde.

XIII

Origine des Cartes à Jouer. Von Romain Merlin. Quartalsbl. Paris 1869.

Die Hypothese vom ägyptischen Urprung des Tarot beruht auf keiner anderen Grundlage als der Phantasie von Court de Gebelin. Ich habe an anderer Stelle bereits erwähnt, daß der Autor die Zigeuner-Theorie ad absurdum geführt hat und desgleichen die indische Herkunft der Karten. Er sagt, daß Karten in Europa vor 1449 bekannt waren, also vor der Zeit, in der die Kommunikation mit diesem Teil der Welt eröffnet wurde. Aber falls es sich bei den fraglichen Zigeunern um eine Sippe von Unantastbaren gehandelt hat und die Karten sich in ihrem Gepäck befanden, ist die Behauptung ebenfalls unhaltbar. Das Ganze ist essentiell eine Frage der Spekulation.

XIV

The Platonist. Band II. S 126-128. Publiziert in St. Louis, Mo. U.S.A. 1884-5. Royal Quartalsbl.

Diese, zum Bedauern ihrer Leser recht bald wieder eingestellte Quartalszeitschrift enthielt einen anonymen Artikel über das Tarot, verfaßt von einem Schriftsteller mit theosophischen Neigungen und höchsten Prätentionen. Anstatt sachverständiges Gelehrtentum zur Schau zu stellen, gelingt es ihm jedoch nur, grobe Fahrlässigkeit und in der Tat Lachhaftigkeit zu beweisen. Die Aussagen: Das Wort Tarot ist das umgekehrte lateinische Wort *Rota*=Rad. Das System wurde vor Urzeiten in Indien erfunden – vermutlich, denn der Autor bleibt vage – um 300 vor Christus. Der Narr repräsentiert das urtümliche Chaos. Das Tarot wird heute von den Adepten des Ordens der Rosenkreuzer benutzt, aber ungeachtet der Annahme, daß die Karten ihnen im frühen siebzehnten Jahrhundert von ihren deutschen Vorfahren hinterlassen wurden, und ungeachtet ihres indischen Ursprungs, wurden die zweiundzwanzig Trumpfkarten auf den Wänden ägyptischer Einweihungstempel abgebildet.

Dieser Abklatsch wurde zum Teil von P. Christian übernommen, aber die folgende Kundgebung entspringt, wie ich meine, dem Hirn des Autors selbst: »Die Eingeweihten wissen, daß in Wirklichkeit zweiundzwanzig esoterische Schlüssel zu den Mysterien existieren, was eine Gesamtziffer von bis 100 ergeben würde.« Personen, die ein bestimmtes Stadium der Illumination erreicht haben, müssen lediglich die vorgeschriebene Anzahl von leeren Zetteln vor sich hinlegen, dann werden die fehlenden Darstellungen von höheren Intelligenzen nachgereicht.

Unterdessen wartet Amerika weiterhin auf die Erfüllung der Prophezeiung am Schluß dieses Artikels, nämlich, daß einige Wenige in diesem Lande sehr bald so hochentwickelt sein werden, »daß sie fähig sind, dieses perfekte und göttlich sibyllinische Werk, das Tarot, perfekt zu deuten und vollkommen zu verstehen.« Womöglich geben die Karten zu diesem Buch ihnen diese Gelegenheit und den notwendigen Impuls!

XV

Lo Joch de Naips. Von Joseph Brunet y Bellet. Barcelona 1886.

Bezüglich des ägyptischen Ursprungs der Karten zitiert der Autor das »*Manners and Customs of the Egyptians*« von E. Garth Wilkinson als negativen Beweis und sagt, daß die Karten zum mindesten in den alten Städten am Nildelta unbekannt waren. Die Geschichte des Tarot wird im Sinne der wichtigsten Autoritäten auf dem Gebiet skizziert, aber ohne die Vertreter der okkulten Schulen dabei zu berücksichtigen. Der Hauptbezugspunkt ist durchweg Chatto. Der

Autor gibt ein paar interessante Einzelheiten über die Verbannung der Karten in Spanien bekannt und fügt einige wertvolle Dokumente hinzu, unter anderem eins, dem man entnehmen kann, daß der Heilige Sankt Bernhard von Siena sich bereits um 1423 in seinen Predigten gegen alle Glücksspiele und insbesondere gegen die Karten ausließ. Das Buch enthält Illustrationen von rüden Tarotkarten und eine bemerkenswerte Abwandlung des As der Kelche, dem hier ein Phönix entsteigt und eine Königin der Kelche, aus deren Pokal eine Blume hervorlugt.

XVI

The Tarot: Its Occult Signification, Use in Fortune-telling, and Method of Play. Von S. L. MacGregor Mathers. London 1888.

Dieses Handbuch wurde gemeinsam mit einem Packen Tarotkarten herausgegeben und benutzt die damals gängigen, aus anderen Ländern importierten Karten als Grundlage. Es erhebt keine Ansprüche auf eigene Recherchen, und die einzige persönliche Meinung, die hier vom Schriftsteller kundgetan wird oder Aufsehen erregt, ist die, daß die Trumpfkarten hieroglyphische Symbole darstellen, welche mit den okkulten Bedeutungen des hebräischen Alphabets übereinstimmen. Der Urheber dieser Behauptung ist Lévi, von dem auch der, hier sehr knapp gehaltene, Symbolismus der zweiundzwanzig Hauptkarten übernommen wurde. Darauf folgen die interpretativen Bedeutungen und die Legetechniken. Es handelt sich um einen prätentiös abgefaßten, simplen Abriß, ohne Gehalt in irgendeiner Hinsicht.

XVII

Traité Méthodique de Science Occulte. Von Dr. Papus. Paris 1891.

Papus hat das von Oswald Wirth nach den Angaben von Eliphas Lévi gemalte Tarot übernommen und ein monumentales Werk von nahezu 1.100 Seiten darüber geschrieben. In einem Kapitel werden die Zigeuner als die Importeure der esoterischen Weisheitslehren nach Europa vermittels der Karten bezeichnet. Laut Papus besteht das Tarot aus einer Kombination von Zahlen und Ideen, die auf das hebräische Alphabet zurückgeführt werden können. Aber leider sind die hebräischen Zitate nahezu unverständlich, weil sich zahllose typographische Fehler in das Buch eingeschlichen haben.

XVIII

Eliphas Lévi: Le Livre des Splendeurs. Paris 1894.

Ein Abschnitt über die »*Elemente der Kabbala*« verkündet, daß (a) die Karten der vier Tarotreihen eine vierfache Erklärung über die Zahlen I bis 10 abgeben; (b) daß die Symbole, die wir heute nur in Form von Kartenbildern kennen, einstmals als Medaillen und später in Form von Talismanen erhältlich waren; (c) daß das Tarot die hieroglyphische Form der »Zweiunddreißig Wege der kabbalistischen Theosophie« darstellt und seine Gesamterklärung in der *Sepher Yetzirah* findet; (d) daß das Tarot die Inspiration für alle religiösen Theorien und Symbole der Welt gewesen ist; (e) daß seine Embleme auf den uralten Monumenten Ägyptens auftauchen. Mit dem historischen Wert dieser Zumutungen habe ich im Text bereits kurzen Prozeß gemacht.

XIX

Clefs Magiques et Clavicules de Salomon. Von Eliphas Lévi. Paris 1895.

Die »magischen Schlüssel« der Titelzeile sollen im Jahre 1860 in all ihrer urtümlichen Reinheit rekonstruiert worden sein, und zwar mit Hilfe von Hieroglyphen und Zahlen ohne jeden Bezug zu samaritischen oder ägyptischen Zeichen. Grobe Nachbildungen von hebräischen Buchstaben werden den Trumpfkarten zugeordnet und mit Bedeutungen versehen, die wir größtenteils schon in den anderen Werken desselben Autors vorfinden. Bestimmte Buchstabenkombinationen werden dem Namen Gottes unterstellt und dann den Hofkarten der Kleinen Arkana zugeteilt. Zu guter Letzt werden die Merkmale gewisser Geistwesen mit dem Tarot verknüpft, woraufhin das »As der Stäbe« dem *Deus Absconditus* oder dem Ersten Prinzip entspricht. Dieses dünne Büchlein wurde besonders teuer verkauft, denn es sollte den Adepten oder den angehenden Adepten auf dem Erkenntnisweg allein vorbehalten bleiben, aber in Wirklichkeit ist es keinen Pfennig wert – weder in symbolischer noch sonstiger Hinsicht.

XX

Les XXII Lames Hermétiques du Tarot Divinatoire. Von R. Falconnier. Paris 1896.

Das Wort Tarot soll aus dem Sanskrit kommen und »Fixstern« bedeuten, was wiederum auf die unwandelbare Tradition, die theosophische Synthese und den Symbolismus ursprünglicher Dogmen etc. verweist. Die Tarotabbildungen sollen auf goldene Platten eingraviert und von Hermes Trismegistus benutzt worden sein, aber ihre Mysterien wurden nur der Priesterschaft des höchsten Einweihungsgrades im Tempel der Isis offenbart. Es erübrigt sich deshalb, dem Tarot einen ägyptischen Ursprung nachzusagen und Herrn Falconnier die Rekonstruktion seiner primitiven Form, denn er selbst tut dies, indem er die altägyptischen Kunstwerke zitiert und, in der Manier von Eliphas Lévi, seinen nachempfundenen Trumpfkarten ein ägyptisches Flair verleiht. Die französischen Okkultisten haben dieses Produkt als »das perfekte Tarot« begrüßt, aber dasselbe Lob wurde auch den Karten von Oswald Wirth zuteil, obwohl seine Zeichnungen völlig anders und ganz und gar nicht ägyptisch sind. Frei herausgesagt, derartige Narreteien darf man höchstenfalls von der Comédie Française erwarten, ein Institut, zu deren Mitgliedern der Autor zählt, und wo sein Werk auch am besten aufgehoben bleibt.

XXI

The Magical Ritual of the Sanctum Regnum, interpreted by the Tarot Trumps. Übersetzung und Bearbeitung eines Manuskripts von Eliphas Lévi von W. Wynn Westcott, M.B. London 1896.

Ich muß darauf hinweisen, daß das Denkwürdige an diesem Schriftstück eher in seiner Existenz als solcher liegt als in seiner inhaltlichen Bedeutung. Das Buch enthält so etwas wie einen inoffiziellen Kommentar über die Trumpfkarten, oder besser gesagt, Überlegungen, die dem französischen Autor vermutlich im Zusammenhang mit den Karten in den Sinn kamen. Zum Beispiel dient die Karte mit dem Titel »Kraft« als Gelegenheit, sich über den Willen als das Grundgeheimnis der Kraft auszulassen. »Der Gehängte« wird zum Sinnbild des Vollendeten Großen Werks. »Der Tod« veranlaßt eine Hetzrede gegen Nekromantie und Schwarze Kunst, auch wenn derartigen Phantomen im »*Sanctum Regnum*« des Lebens keinerlei Existenz nachgesagt werden kann. Die Symbole der »Mäßigkeit« rufen nur ein paar leere Allgemeinplätze wach, und »Der Teufel«, welcher blinde Gewalt darstellt, bildet eine Gelegenheit, noch einmal zu wiederholen, was Lévi in seinen früheren Werken bereits gesagt hat. »Der Turm« repräsentiert den Verrat am Großen Arkanum (Geheimnis), und führte dazu, daß das Schwert von Samuel über dem Garten der Lüste aufgehängt wurde. Unter den Bildtafeln befindet sich ein Monogramm der Gnosis, das auch für das Tarot Gültigkeit haben soll. Der Lektor hat sich dann noch die Mühe gemacht, eine Reihe von Informationen über die Trumpfkarten beizufügen, die den früheren Werken von Eliphas Lévi und den Kommentaren von P. Christian entnommen wurden.

XXII

Comment on devient Alchimiste. Von F. Jolivet de Castellot. Paris 1897.

Hierbei handelt es sich um einen Überblick über das alchemistische Tarot, welches – bei allem Respekt für die menschliche Erfindungsgabe und ihre Erneuerungen – ein Produkt der puren Phantasie sein muß. Aber Etteilla hatte ebenfalls Traumgesichte solcher Art, und falls es jemals lukrativ werden sollte, die momentan üblichen Kleinen Schlüssel durch Große zu ersetzen, lohnt es sich womöglich, diese seltsamen Hirngespinste und ihre Analogien der Reihe nach aufzuzählen. An dieser Stelle genügt die Tatsache, daß die alchemistischen Entsprechungen zu den Trumpfkarten der Reihe nach aufgezählt werden, woraufhin der Jongleur oder Magier plötzlich die »anziehende

Kraft« repräsentiert; die Hohepriesterin ist »die unbewegliche Materie«, was schlichtweg nicht falscher gesagt werden könnte; der Papst oder Hierophant ist die »Quintessenz«, was – wenn er nur von Shakespeare gehört hätte – den momentanen Nachfolger von Petrus zu dem Ausruf bewegt haben könnte: »Es gibt mehr Dinge zwischen Himmel und Erde, Horatio!« Am anderen Ende des Spektrums steht »Der Teufel« als der Zustand der Philosophie in der finstersten Materie. »Das Gericht« ist die rote Phase des Steins der Weisen, »Der Narr« ist seine Fermentationsphase, und die letzte Karte, »Die Welt«, ist das »Alchemistische Absolute, der Stein der Weisen« daselbst.

Falls dies meine Leser ermuntern sollte, mögen sie zur Kenntnis nehmen, daß bestimmte chemische Kombinationen mit Hilfe der Kleinen Arkana entwickelt werden können, wenn die Karten zu diesem Zweck ausgelegt werden. Beispielsweise der König der Stäbe = Gold; die Pagen und Ritter = tierische Substanzen; der König der Kelche = Silber... und so weiter.

XXIII

Le Grand Arcane, ou l'occultisme dévoilé. Von Eliphas Lévi. Paris 1898.

Nach langjährigen Erfahrungen jeder erdenklichen Art auf dem Gebiet des Okkultismus reduziert der Autor seine Botschaft zu guter Letzt auf eine einzige Formel, die in diesem Buch verraten wird. Ich spreche selbstverständlich nur in Hinsicht auf das Tarot, zu dem der Autor erklärt, daß die Karten von Etteilla eine Art Hypnose in dem Seher oder der Seherin produzieren, wenn sie die nämlichen als Orakel benutzen. Mit anderen Worten: Der Schlafwandler im Hellseher deutet die Schlafwandeleien seiner Klienten. Ehrlichkeit wird nicht empfohlen, weil die Kartenleser damit ihre Kundschaft verlieren würden. Ich habe scharfe Kritiken über die okkulten Künste und Wissenschaften veröffentlicht, aber dies ist erstaunlich von einem ehemaligen Professor dieser Zünfte, und außerdem glaube ich, daß der Hellseher gelegentlich wirklich helle ist und dementsprechend wahrnimmt.

XXIV

Le Serpent de la Genêse- Livre II; La Clef de la Magie Noire. Von Stanislas de Guaita. Paris 1902.

Es handelt sich um einen überaus weitschweifenden Kommentar über die tiefere Bedeutung der Trumpfkarten. »Gerechtigkeit« bedeutet Ausgewogenheit und was dazu führt; »Der Eremit« versinnbildlicht die Mysterien des Alleinseins; »Das Rad des Schicksals« ist der *circulus* des Werdens und Erlangens; »Kraft« repräsentiert die Macht des Willens; »Der Gehängte« ist ein Sklave der Magie, was Bände über den umwölkten und fehlgeleiteten Geist dieses okkulten Phantasten spricht. »Der Tod« ist natürlich genau das, was der Name besagt, aber mit einem Hinweis auf den zweiten Tod; »Mäßigkeit« steht für die magische Komponente bei Transformationen und weist daher vielmehr auf Ausschweifungen denn auf Enthaltsamkeit hin.

Mehr Dinge dieser Art sind im ersten Band enthalten, aber dies soll als Beispiel dienen: Das Ableben von Stanilas de Guaita bereitete seinen systematischen Tarot-Interpretationen ein Ende, aber seine Verbindung zu den Kartenbildern ist so schattenhaft, daß die tatsächlichen Angaben auf ein paar Seiten reduziert werden könnten.

XXV

Le Tarot: Aperçu historique. Von J.J. Bourgeat, Paris 1906.

Der Autor hat seinem Werk Illustrationen von den Trumpfkarten beigefügt, die allein seiner eigenen Phantasie entspringen, wie zum Beispiel dem »Rad des Schicksals«, »Tod« und »Der Teufel«. Hierbei geht jede Verbindung zu irgendeinem Symbolismus verloren.

Das Tarot soll in Indien entstanden und von dort aus nach Ägypten getragen worden sein. Eliphas Lévi, P. Christian und J. A. Vaillant werden zur Unterstützung seiner Thesen und Meinungen zitiert. Die hier angegebene Legetechnik ist voll entwickelt und wird dem Leser sorgfältig unterbreitet.

XXVI

L'Art de tirerer les Cartes. Von Antonio Magus. Paris um 1908.

Dieses Werk ist weder besonders anspruchsvoll, noch ist es von einer Bescheidenheit, die Erwähnung verdient hätte. Ehrlich gesagt, kann es sich um nicht viel mehr als ein Experiment des Buchhändlers gehandelt haben – falls überhaupt. Das Buch enthält eine flüchtige Beschreibung der bekanntesten Deutungsmethoden, die den üblichen Quellen entnommen wurde; dann einen Text über die Geschichte des Kartenlesens in Frankreich, nicht sonderlich gute Nachdrucke der Etteilla-Karten mit Etteillas Bedeutungen und schließlich die altbekannten Legetechniken. Ganz zum Schluß folgt ein Abschnitt über das Kartenlegen mit einem gewöhnlichen Satz von Pikettkarten, und diesem Abschnitt mangelt es an dem einzigen Vorzug, den er unter Umständen noch gehabt haben könnte, namentlich dem der Verständlichkeit. Aber ich spreche mit Vorbehalten, da ich in diesen Dingen vielleicht kein Richter mit idealen Qualifikationen sein mag. Doch das ist keine Frage, die beantwortet werden muß. Ich füge nur hinzu, daß der Autor sich hinter einem Pseudonym versteckt und die ägyptische Tarot-Traditition, wie er sie nennt, aufrecht erhält, genauso, wie diese im »*Book of Thot*« postuliert wird. Aber ein leichter Akzent färbt sämtliche Aussagen im hier besprochenen Werk, und daraus läßt sich nicht ableiten, daß er seine eigenen Redewendungen ernst genommen hat.

XXVII

Le Tarot Divinatoire: Clef du tirage des cartes et des sorts. Von Dr. Papus. Paris 1909.

Der Text wird von Karten begleitet, deren Symbole allesamt, wie es heißt, »vollkommen wiederhergestellt worden sind«, was bedeutet, daß schon wieder ein neues Tarot erfunden wurde. Die Gestaltung der Trumpfkarten folgt den traditionellen Vorlagen, aber hier befinden sich allerlei Erklärungen und Zuordnungen an den Rändern, die sich durch die gesamte Kartenreihe hinziehen. Was die Bildgestaltung betrifft, so wirkt sie recht nachlässig, und die

Reproduktionen kommen noch schlechter davon als die Zeichnungen. Doch diese Dinge sind der hier angesprochenen Klasse von Lesern wahrscheinlich nicht wichtig.

Des weiteren präsentiert Dr. Papus einige unveröffentlichte Entwürfe von Eliphas Lévi, deren Beweiskraft im Sinne der eigenen Thesen er offenbar fraglos akzeptiert. Diese Zeichnungen sind mit Sicherheit hochinteressante Beispiele für die Art und Weise, in der Lévi, der erhabene Okkultist, die Vorgeschichte des Tarot fabrizierte, um seinen persönlichen Ansichten Gewicht zu verleihen. Und so haben wir (a) die Trumpfkarte V, wo der ägyptische Gott Horus als Hierophant fungiert und alles dem ägyptischen Zeichenstil entspricht; (b) die Trumpfkarte II, wo Isis die Hohepriesterin darstellt, ebenfalls nach ägyptischer Vorlage; und (c) fünf imaginäre Beispiele für die indischen Tarotkarten.

Dies also ist der Beitrag eines hochgestellten Wissenschaftlers in Frankreich zu den Bildnissen in jenem Werk, das Dr. Papus das »*livre de la science éternelle*« nennt. In den englischen Kritiken wären gröbere Ausdrücke dafür benutzt worden. Der Autor macht sich die gewohnte Mühe und gelangt zu dem guten Glauben, daß er die genauen Zeiten entziffert hat, die im alten Ägypten jeder einzelnen Karte zugeschrieben wurden. Daraufhin wird diese Entdeckung vor das Vehikel der Zukunftsdeutung gespannt, damit jeder geübte Wahrsager von nun an die Stunde und den Tag voraussagen kann, an dem der dunkelhaarige junge Mann der blonden Witwe begegnet und dergleichen mehr.

XXVIII

Le Tarot des Bohémiens. Von Dr. Papus. Paris 1889.
English Translation, second edition, 1910.

Ein überaus komplexes Werk, das den Anspruch erhebt, einen absoluten Schlüssel zu den okkulten Wissenschaften zu präsentieren. Es wurde im Jahre 1896 von A.P. Morton ins Englische übersetzt und in dieser Version vor kurzem unter meinem Lektorat neu herausgegeben. Mein Vorwort dazu enthält alles, was zu den darin veröffentlichten Behauptungen gesagt werden muß; ansonsten kann dieses

Buch den Lesern meines »Bilderschlüssels zum Tarot« als Lektüre empfohlen werden.

Die Tatsache, daß Papus das hieroglyphische Tarot für das »älteste Buch der Welt« hält, »die Bibel der Bibeln«, und daher als die »ursprüngliche Offenbarung« bezeichnet, läßt keine Rückschlüsse auf seine generellen Untersuchungen zu, welche zudem von vielen aufschlußreichen Bildtafeln mit alten und neuen Tarotemblemen und Diagrammen begleitet werden und einen Überblick über die persönlichen Thesen des Autors und die seiner Vorgänger möglich machen. »*The Tarot of the Bohemians*« wird von William Rider & Son Ltd. zum Preis von 6 Schillingen herausgegeben.

XXIX

Manuel Synthétique et Pratique du Tarot. Von Eudes Picard. Paris 1909.

Hier haben wir ein weiteres Handbuch zum Tarot, in dem die komplette Kartenreihe in grobem Nachdruck bildlich aufgeführt wird. Die Gestaltung der Trumpfkarten wurde von Court de Gebelin übernommen, und für das Kleine Arkana fand der Autor Anregungen in seiner eigenen Imagination. Man kann sagen, daß manche seiner Karten seltsam wirken, einige wenige sind von marginaler Bedeutung, und der Rest ist mißlungen. Die Erklärungen weisen weder auf Recherchen zu dem Thema noch auf originelle Gedankengänge hin. Es handelt sich um knappe Zusammenfassungen der Autoritäten des französischen Okkultismus, gefolgt von einem kurzen Gesamtüberblick. Die Anwendungsmethoden füllen kaum vier Seiten und empfehlen eine Fastenkur vor dem Auslegen der Tarotkarten.

Über die Geschichte der Karten sagt M. Picard folgendes: (a) daß sie verworren ist; (b) daß wir nicht genau wissen, woher sie kommen; (c) daß sie trotz alledem von den Zigeunern eingeführt worden sind. Und zum Schluß gibt er bekannt, daß die Deutung der Karten eine Kunst ist.